中国服务 创意无限
Chinese Hospitality Unlimited Creativity

CHINESE HOSPITALITY
FINE CASES OF CREATIVE TOURISM PROJECTS

中国服务
旅游产品创意案例
（第三季）

中国旅游协会 编著

五洲传播出版社
China Intercontinental Press

图书在版编目（CIP）数据

中国服务，旅游产品创意案例. 第三季 / 中国旅游协会编著. -- 北京 : 五洲传播出版社, 2023.1
ISBN 978-7-5085-4874-6

Ⅰ. ①中… Ⅱ. ①中… Ⅲ. ①旅游产品—产品设计—案例—中国 Ⅳ. ①F592.6

中国版本图书馆CIP数据核字(2022)第192047号

中国服务，旅游产品创意案例（第三季）

编　　著：中国旅游协会

出 版 人：关　宏

责任编辑：梁　媛

装帧设计：山谷有鱼

出版发行：五洲传播出版社

地　　址：北京市海淀区北三环中路31号生产力大楼B座6层

邮　　编：100088

发行电话：010-82005927，010-82007837

网　　址：http://www.cicc.org.cn，http://www.thatsbooks.com

印　　刷：北京市房山腾龙印刷厂

版　　次：2023年1月第1版第1次印刷

开　　本：16开

印　　张：9.75

字　　数：160千字

定　　价：48.00元

中国旅游协会会长段强致辞

中国旅游协会副会长兼秘书长张润钢介绍活动情况

“1+1”对话（一）：文旅+文创：河南博物院考古盲盒的“出圈”之路

“1+1”对话（二）：文化的节庆与节庆的文化——华侨城文化旅游节实践

主题沙龙(一):老字号的新未来

主题沙龙(二):民宿区域公用品牌如何赋能乡村振兴

中国服务

CHINESE
HOSPITALITY

前言

因为疫情，第三届“中国服务”·旅游产品创新大会只能通过线上线下的方式召开。希望本次大会，能够让大家在困难重重之中，看到更多生机，生发更多灵感。我代表中国旅游协会对大家在行业的坚守致以崇高的敬意。

本届活动发布的案例是中国旅游协会持续三年开展“中国服务”·旅游产品创意案例的征集活动所产生出的最新成果,再次展示出“中国服务”的旺盛生命力。

三年来反反复复的疫情,对旅游业的冲击前所未有,但无论如何,旅游人的热情与顽强势不可挡。疫情改变了人们的生活方式和消费行为，旅游的格局发生了翻天覆地的变化。2021 年，我们收集上来的100多个案例，集中展示了新趋势、新潮流、新模式，而这些特点在此次获得推介的案例上表现最为突出。

一、在资源开发上，更加注重沉浸式体验。“沉浸式”成为年度热词。中国旅游业经过几十年突飞猛进的发展，各地最具吸引力的、垄断性的旅游资源早已进入市场，因此市场对新开发的旅游产品的要求越来越高。只有深度挖掘，别出心裁，精耕细作，才能让游客沉浸其中，进入“忘我”的境界。此次被推介的延安红街和上海佘山世茂洲际酒店就是这方面的杰出代表。延安红街是万达集团在旅游小镇打造上的新尝试。如何让“95后”“00后”接受和喜爱红色文化？延安红街突出沉浸互动体验：在剧场，游客走着看演出，与演员融为一体；在练兵场，游客是“民兵”，腰挎“盒子炮”，穿梭在“地道战”中。红街开街一个月接待游客200万人，互动体验是吸引客流的最大功臣。上海佘山世茂洲际酒店是世茂集团利用废弃矿坑，历经12年建造的一个连带自然景观的体验酒店，引领着当前酒店景区化的潮流，更是城市更新，利用历史遗产，满足城市休闲新需求的典范。如果该酒店建在中西部有大山大水的地方，就不会有现在这样令人震撼的效果，只有建在上海这样的大都市才能体现稀缺价值。

二、在人才培养上，坚持以业界需求为导向，解决行业人才流失的痛点。说到人才，我观察到三年来推介的不少创意案例背后，都有一个功不可没的领头人，他们热爱旅游行业，甚至到了痴迷的程度。正是他们的聪明才智，坚忍不拔的工匠精神，以及为满足人民群众对美好生活的向往的理想目标，才涌现出拈花湾、开元森泊、乌镇、长隆等受市场追捧的文旅项目。因此行业人才极为重要，人才培养要从源头抓起。今年我们特别推介中瑞酒店管理学院，他们的育人文化体系突破传统教育模式，60%的专职教师在国际五星级品牌酒店担任过高管，学生身着制服上课，实践课占总课时50%，学院教学酒店和餐厅既是经营场地又是课堂，教师既是学业导师又是部门经理。学生在实景课堂学习4年，职业习惯已经养成，进入旅游业很快便熟悉岗位，成为主力。中瑞的毕业生50%都留在了旅游行业，这为行业人才流失的痛点提供了解决方案。

三、在景区向目的地进程中，大型综合体模式不断升级。同处广东的华侨城集团和长隆集团，一个是央企一个是民企，同样从主题公园起家，都被列入全球主题公园的排行榜。两家集团的业绩离不开主题公园集群，但它们早就不是单纯的主题公园了，而是超大型的休闲度假综合体。不同的是，华侨城遍布全国，有100余家文旅项目，“华侨城文化旅游节”就是整合在全国各地的企业，为消费者提供“一卡游遍全国”的创新文旅产品，获得了热烈的市场反响。长隆则深耕广州、珠海，跨界融合多点开花，产品不断更新升级，让游客蜂拥而至，百看不厌。

四、在乡村旅游渐成时尚之际，涌现出民宿公用品牌建设，政府引导不可或缺。不同于各地的单个品牌的民宿，“丽水山居”是浙江省丽水市农家乐民宿区域公用品牌。丽水市委市政府在推动乡村振兴战略中，将民宿经济作为新增长点产业来扶持，“丽水山居”逐步成为能人下乡、乡贤返乡、农民就地创业就业的有效途径，走出了一条让闲置民居成为“金居”的农民增收致富路，率先向文旅部和浙江省提出的共同富裕建设目标迈进。

五、在产品打造上，利用时下热点，创造新的热点和“网红”，唤起年轻消费者对传统文化的热情。此次推介的河南博物院和北京新国贸饭店三五堂餐厅表现最为突出。近两年，盲盒成为新经济趋势，其商业模式不断被各行各业借鉴。旅游行业中的很多企业也将盲盒为我所用，河南博物院就将考古、传播文物知识作为开发方向，将“扫历史文化之盲”的“盲”融入盲盒概念中，创造出全国首款“考古盲盒”，并以“失传的宝物”命名。这款考古盲盒一问世就火了，盒中的泥土来自千年古都洛阳，连外包装上都印有考古地层标记，让年轻消费者在娱乐中对传统文化产生了兴趣。在北京CBD这样的高档区域，你能想象北京最传统的街边小吃，如糖油饼、卤煮火烧出现在豪华的新国贸饭店吗？这种反差正是新国贸饭店三五堂餐厅的大胆创新之处。在时尚潮流餐厅扎堆出现的地方，三五堂餐厅让民间小吃不仅保留原始的味道，符合老北京人的口味，还推陈出新，做出了让年轻人更易接受的传统美味。成为“三五好友汇聚一堂，共品特色传统美食”的网红打卡之地。

内循环和双循环政策的提出，以及旅游已经成为人们的生活方式、刚性需求，让我们对中国旅游业的复苏充满信心。疫情常态化下的旅游业进入了新阶段、新格局，云旅游、虚拟旅游的兴起，剧本杀、元宇宙的应用，都将为行业带来机遇，重启活力。我们十分期待今后能够有更多更好的创新创意案例的出现，中国旅游协会将与广大旅游企业和会员企业一起，为中国旅游业的高质量发展贡献力量！

中国旅游协会会长 段强

中国服务
CHINESE
HOSPITALITY

目录

开篇语：

2021年是中国共产党建党百年！一百年的时光，催生了一代又一代的仁人志士和革命先烈，形成了诸如红船精神、井冈山精神、延安精神等不可磨灭的英雄气概和红色文化，这些红色文化成为实现中华民族伟大复兴的强大精神动力。红色旅游，一手托举着红色文化的传承，一手托举着美好生活的创造。在革命老区延安，出现了一条“红街”，它围绕红色文化谱系中的延安精神的创新做增量，是延安精神等红色文化融入城市旅游的创新表达，“延安红街”实现了红色文化赋能城市新旅游的创举。

延安红街

红色文化赋能城市新旅游

2021年6月25日，在庆祝中国共产党成立一百周年之际，中共中央政治局就“用好红色资源，赓续红色血脉”举行第二十一次集体学习。中共中央总书记习近平在主持学习时强调，红色资源是我们党艰辛而辉煌奋斗历史的见证，是最宝贵的精神财富。毫无疑问，红色文化是中国历史上重要的一部分，蕴含坚强不屈的民族精神和勇于开拓的创新精神，理解和领悟红色文化是我们义不容辞的责任与义务。

一、城市红色旅游现状与发展

发展红色旅游，是党中央、国务院做出的一项重大决策部署。从2004年12月到2021年3月，中共中央办公厅、国务院办公厅以及发改委都通过了一系列支持引领性文件，以指导红色旅游总体发展。

1985年底，国务院常务会议决定把旅游业纳入国家国民经济和社会发展计划，确立了旅游业在我国国民经济中的产业地位。“七五”期间（1986–1990年），国内旅游人数达13.9亿人次，国内旅游收入达753亿元，至“十三五”期间（2016–2020年），累计国内旅游人数达到238.64亿人次，国内旅游收入达21.6万亿元。“九五”期间（1996–2005年），延安累计接待旅游人数537万人次，旅游综合收入11.32亿元，至“十三五”期间（2016–2020年）延安累计接待旅游人数达2.46亿人次，旅游综合收入达1541.67亿元。明显可见，2016年以后延安的旅游人数有了大幅度增长。

那红色旅游的现状是什么呢？年轻人逐渐成为红色旅游的主力人群。据驴妈妈《2018年红色旅游大数据报告》以及《2021年红色旅游大数据报告》显示，2018年上半年红色旅游目的地游玩年龄占比，80、90、00后仅占38%，60、70后达到62%。但是，2021年上半年数据显示，80后、90后、00后甚至10后达到了62%，相反，60、70后下降到了38%。携程《2021上半年红色旅游大数据报告》也同样显示，红色旅游用户年龄以80后、90后为主，占比达到70%。这说明年轻人已经成为红色旅游业的主力军和消费者。

那么怎么适应年轻人对红色旅游的需求呢？红色文化是一个绕不开的主题。习总书记对红色文化内容的重视，把它视作中国共产党精神的延续，以及中国文化发扬光大的组成部分。立足红色旅游去吸引年轻人，成为万达集团考虑在延安发展红色旅游的出发点和归宿点。

目前，红色旅游打出的大多是传统游览型产品组合牌，在火爆的背后也存在一定同质化现象。延安游曾经是比较单一的参观型旅游，产品内涵深度挖掘不够、精品景区较少。中国旅游研究院调查结果也显示，红色旅游游客更倾向于深度体验。所以发展红色旅游，在挖掘利用好身边红色资源这座“富矿”的基础上，还要讲好中国故事，让更多游客体验革命传统文化和社会主义先进文化的魅力。

二、延安红街的项目创新

延安红街位于延安高新区科技城，距延安地标宝塔山3公里。由陕北风情小镇、高端酒店群和延安市内唯一湖泊——延湖共同组成。延安红街整体采用陕北建筑风格，包括《再回延安》红色室内情境体验剧、练兵场、长征步道、特色非遗、红培基地等主要内容，是具有创新感、体验感的大型红色旅游项目，被授予“延安市非物质文化遗产传承基地”，纳入了延安红色旅游精品线路。

红街的项目创新，包括了三个部分，规划设计创新、节目内容创新和IP应用创新。

（一）规划设计创新

1.红色主题街区

1.5公里长的主题街区依据长征故事节点，以1935年至1948年的延安的历史脉络作为建设主题，串起5个红色主题广场，从会师广场走向胜利广场，象征中国共产党在延安13年的光辉历程。红色主题街区通过营造旅游路线与小镇相匹配的广场打造“情景式旅游小镇”。长街连接起“红色征程”“红色生活”“红色时光”和“红色年代”四大红色文化主题街、五大广场和八大标志性红色建筑。红街建筑形态丰富多样，历史风格建筑、陕北窑洞和民居建筑与现代建筑相结合，自成一派的建筑形态，融合了传统与创新，体现了历史延安与现代延安的风貌，也象征着中国革命经历艰苦卓绝的奋斗，最终走向胜利的革命历程。同时，街区还原了延安革命时期的标志性建筑，如会师楼、延安保育院、新华书店、西北旅社、大众戏楼等。红街规划设计创新有四大特点。

（1）空间再现延安古城风貌

为了复现延安古城风貌，红色主题街区从古城中汲取灵感，提取了“楼、街、坊、院”等四大当地特色建筑，以延安城的中央大街为原型，采用广场、街楼、牌坊、院落等丰富的建筑形态规划长街。街区规划的1–2层的建筑，可分可合，形成多层次、多形态丰富的空间形态和地域特色。空间收放聚合，层次丰富，营造了“步移景异”的古城历史场景，展现古城革命风貌。

（2）建筑步移景异、天际线丰富

红街空间利用地形高差，移步换景，通过广场、街楼、牌坊、阁楼、院落等建筑形态，丰富空间形式，让游客保持游逛小镇的新鲜感，又使红街能以历史为根基，弘扬延安红色文化。

红街根据陕北山地城市特点，由北至南布置了会师广场到胜利广场五大广场，以会师广场牌坊为肇始，建筑由低到高，天际线也呈现逐级拔高态势，南北高差28米，象征从建党到新中国成立走过的28年艰难革命征程，也寓意中国革命力量由弱到强，由幼稚走向成熟，中国革命事业由挫折走向胜利的辉煌发展。

（3）五大红色主题广场，开启延安之旅

延安红街于面状空间中建设开放式街坊——五大广场。从最北面的会师广场开启延安之旅，其后是边区广场、圣地广场和抗大广场，到最南端的胜利广场结束。

这一空间布局根据党中央在延安的革命历程进行了排布，每一个广场、每一段街区都承载着一段历史记忆，让游客在游览中熟悉党中央建立延安革命根据地，领导中国革命一步步走向胜利的光辉历史过程。

（4）八大历史性建筑，沉淀红色记忆

延安红色建筑风格参照延安古城风貌，以传统建筑为主，包括历史还原建筑、陕北窑洞建筑、延安民居建筑，同时结合现代建筑，具有地域、地标、文化属性，同时建筑的地域特色鲜明，建筑语言丰富。

红街还嵌入了八大红色建筑，再现13年“延安时期”的历史性建筑，沉淀红色记忆，包括会师楼、新华书店、西北旅社、抗日军政大学校门、大众戏楼、延安保育院等，形成节点空间，让人情不自禁地想起曾经在这些建筑里工作和生活过、如今却已远去的那些背影，通过建筑节点展现红色文化特色。

2.窑洞酒店

在提供高品质旅游服务方面，以展示陕北民风民俗和红色革命精神为主题的延安万达嘉华酒店及万达锦华酒店结合地势，将黄土高原、窑洞院落以现代建筑方式呈现，特别设计了富有地方特色的178间窑洞客房。房间拱顶保留了原生态民居特点，房内设有北方土炕床和温润的仿古木质家具，3米多宽的土炕床带来地道陕北生活方式体验又兼顾现代酒店的舒适感。酒店不仅融入了延安本地朴素的民风民俗、红色旅游胜地革命精神以及时代变革印记，还将剪纸、油画、浮雕等传统或当代艺术品与民俗点缀于酒店房间内。

3.红色讲堂

红色讲堂的大厅空间延续了酒店群的窑洞拱形结构，并运用大块面设计手法和富有层次感的原木天花，以及名为《红色延安》的大型铜质浮雕，营造出朴素却磅礴的空间感。红色讲堂会议中心的每一处命名都寓意深厚。大宴会厅名为“实事求是”厅；小宴会厅名为“坚持”厅，取自“坚持就是胜利”的革命口号；多功能厅分别命名为“1921”“1927”“1935”“1949”，取自具有象征意义的年份，独特而具有历史意义。

4.红色文化元素

红色文化元素也被融入延安红街的角角落落，比如会师广场复现了一段伟大故事：杜梨树郁郁葱葱，树下设石桌石凳及吴起镇的会师石。这完美还原了毛主席在杜梨树下指挥“切尾巴”战役的场景，可与红培教学相结合。

5.长征步道

以中央红军的长征路线为创意线索，结合长征起始点的标志意义，以及对场地条件的恰当利用，重点打造瑞金、遵义会议、飞夺泸定桥、爬雪山、大会师等长征重要节点的场景感，增强游客参与互动的体验感。除沿环湖跑道重点打造的五大长征节点场景外，其他区域还布置了长征文化展示牌。游客还可以手机扫码与“延安红街”微信小程序联动，学习红色革命历史知识。

6.东渡黄河

利用延安唯一大型湖面，开展特色水上红色培训课程，在湖岸打造以“东渡黄河”为主题的红色景观。

7.主题艺术装置 时尚网红打卡

传统材料不锈钢板打造的彩虹台阶形成视觉冲击，“时光之门”带领游客回首过去通向未来；同时台阶上刻录主要大事记，让游客在游玩中了解历史事件。延安红街利用简单艺术装置与传统景观植物造景穿插融合，打造独特的景观环境。

（二）节目内容创新

除了硬件条件以外，延安红街创新性地打造了超过60%互动体验式业态，同时在红色节目内容方面下功夫，注重对红色文化的创新性表达。

1.《再回延安》大型红色室内情景体验剧

其中最具代表性的就是大型情景剧《再回延安》。《再回延安》由万达集团文旅规划院创意、国内知名导演创作的国内首部大型红色室内情景体验剧，是中国首部红色室内情景体验剧，也是国内首部选择长征这段红色征程作为精神内核的沉浸式情景剧。《再回延安》包含了创新的“行进式”观演形式、沉浸式戏剧打造红色主题以及“全方位”的舞台艺术表达。

“行进式”——创新的观演形式：传统镜框式剧场是观众面对舞台坐着观看表演。《再回延安》分为序厅和4个表演区，观众“边走边看、互动感受”跟随故事情节依次进入每个表演区。

“红色主题”——沉浸式戏剧表演：目前沉浸式戏剧多以民间故事、历史人物、惊险悬疑等通俗题材为主题。《再回延安》在中国演艺界尝试以沉浸体验方式讲述红色故事，在形式新颖的基础上，让革命故事“感人走心”。《再回延安》情景剧主要是以一本老红军日记为线索，展现一个曲折的故事，表达对革命英雄的讴歌与缅怀。

“全方位”——创新的舞台艺术表达：打破舞台与观众席的边界，创造观众与演员零距离接触空间，直接调动观众的情绪。创新麦田超大进深舞台，创造更为丰富多变的舞台空间。舞台结合机械摇臂，将演员表演范围扩大两倍，提升观众沉浸感受，生动再现延安大生产的火热景象，增强观众沉浸体验。创意大斜坡舞台生动还原了红军长征“爬雪山”的场景。“雪花+冷风”特效，模拟雪山恶劣天气，让观演感受更加立体生动。创意V字形沼泽舞台加上微起伏地形，再现红军“过草地”场景，打造观众席地而坐仰视观演的独特体验。舞台还首创巨型红旗开合升降装置，极大地调动了观众情绪，增加观众互动体验。

从2021年6月11日首映至今，该剧每天演出3场，已在延安红街连续演出100多场，这股红色观演热潮持续升温，已有数万来自全国各地的观众慕名而来，接受红色文化的洗礼。期间，央视、新华社、人民日报等主流媒体也纷纷报道，称其“以一种创新的表达方式，体现了红色文艺精品的魅力”。

练兵场是万达集团创新实践互动体验的另一个作品。场馆以地道战、蟠龙战役等革命历史题材为创作源泉，通过声光电等高科技手段，增强游客体验性、参与性和互动性，使游客亲历当年的战争场景，是集历史重现、场景体验、科技互动，国防教育与红色培训于一体的文旅新模式。练兵场还为游客定制了多种沉浸式互动项目，开业至今吸引了无数游客前来体验，深受游客喜爱。

2.地道战

地道战还原了电影《地道战》的经典情节，使游客亲历抗日战争时期冀中平原的中国军民与日本侵略者斗智斗勇的场景。创新研发全场景多媒体互动射击体验，等比例还原毛瑟C96手枪经典造型，通过仿真带来生动的射击体验。

3.蟠龙战役

采用仿马克沁式气炮枪，结合实体包装的特效场景，还原尽可能逼真的战斗场面 。

4.实弹射击

上千平方米场地、24条弹道的实弹靶场，是西北地区最大实弹射击场所，可以增强军事技能，体验射击乐趣，是普及国防知识、加强爱国主义教育理想课堂。

5.综合训练场

利用数字多媒体及武器仿真技术，模拟多种军警训练场景，射击体验可媲美真实效果。通过模仿实际的军事训练，在体验射击乐趣的同时普及国防知识，增强游客国防观念，陶冶公民爱国情操。

（三）IP应用创新

延安红街专属IP形象——“小号兵”蛮蛮的IP形象得到广泛好评，适用于商业和文旅的多种应用场景，增加客户渗透率和项目变现能力。“小号兵”蛮蛮生成了很多衍生品，有商铺内吧台摆件、临街商铺设计、红街场景综合应用、衍生包装物及消费品。

三、红街赋能延安城市新旅游

作为革命老区的延安，多年来一直在通过模式创新来实现红色旅游的高质量发展。延安红街作为一个具有鲜明特色的红色文旅标杆项目，将吃喝玩、游购娱和红色主题教育完美结合，为红色文旅发展提供了新思路。

为了让红街留住游客，拥有长久的生命力，延安红街着眼于延安民俗文化，打造出全方位了解延安乃至陕北优秀文化的沉浸式文旅体验街区。该景区将各种民间艺术形式，如安塞腰鼓、延安剪纸、吴起泥塑等陕北非遗技艺，以及陕北文化精华等萃取出来，与红街文化相辅相成，找到一种新颖的方式，让它们在延安红街这种全新的场景中继续释放活力，不仅展现了传统艺术的历史底蕴和深厚魅力，还让游客感受到地方特色的强大文化吸引力。

除了传统民俗文化之外，延安红街以红色文化为主题，准备了丰富的红色文旅体验项目，让游客能够处处感受到红色情怀的熏陶。如会师体验馆、红色征程VR体验馆、红色记忆馆、红色钱币艺术馆、红色大生产博物馆、星火燎原主题蜡像馆、千金药局等多个红色文化展陈馆，这批集中呈现的特色红色文化展陈馆，使得延安红街区别于传统的商业街，大大增强了延安红街的红色文化氛围。

延安红街赋能城市新旅游有四大特点：

（一）内容创新——赋予红色旅游新体验

首次将红色文化与陕北民俗、地方风情结合在一起，为延安红色旅游增加新的内涵。同时，以延安红色文化为主题，打造众多创新型互动体验项目，寓教于乐，使游客从身体和心灵深度感受红色革命历史与陕北风情，创新红培教育内容，提升红色旅游品质。

（二）红培教育——创新红色文化传承模式

延安有枣园、杨家岭、王家坪等丰富的传统红培教育内容，延安红街以打造全国顶尖红色教育培训基地为目标，携手延安干部培训学院的专家，在红街结合各类实景倾力打造出11门创新型红色培训课程，形成了延安红街独有的红色培训IP。课程包括结合红色钱币艺术馆开设的主题为《陕甘宁边区金融事业的发展与贡献》的现场教学点，在练兵场围绕军事战略打造的《以延安换取一个新中国》现场教学点，以及《和平解决西安事变：中共应急处突的典范》《大生产运动的旗帜：南泥湾》等。

这些课程一方面有专家的精心设计、讲解，另一方面还有延安红街的实景体验，两者结合会让红培学员们的学习更为深刻、理解更为透彻，从而使延安红街成为一个真正的红色大课堂。

另外，《再回延安》、练兵场等红街一系列项目融合理论和线下体验，创新红培研学模式，打造全方位沉浸式红培研学基地。2021年9月，《再回延安》被延安大学鲁迅艺术学院授予“全国红色艺术实践基地”称号。

（三）设施升级——赋能高品质旅游服务

以展示陕北民风民俗和红色革命精神为主题的延安万达嘉华酒店及锦华酒店共有湖景客房536间，设计有特色窑洞客房，同时配备逾6000平方米的红色讲堂及宴会厅，打造了红培研学、红色文化体验、购物、餐饮、住宿、会议等一站式红色旅游目的地，完善旅游基础设施和综合功能，赋能延安红色旅游发展。

（四）环境整治——提升城市生态环境质量

陕北水资源宝贵，利用场地大型湖面资源，以中央红军的长征路线为创意线索，沿湖建设长征步道，同时在湖岸打造以“东渡黄河”为主题的红色景观，塑造城市滨水公共开放空间，改善城市生态景观环境，为民众提供亲水宜人的运动休闲健身场所，提升了城市生态环境质量。

延安红街作为社会企业投资、市场机制运营的红色旅游项目，利用现代高科技方式，创新性演绎红色文化故事，打造众多红色互动体验节目，传承红色革命基因，丰富市民文化生活，推动城市旅游经济发展。由此可见，红色文化能够赋能城市新旅游。

2021年6月12日项目开街，首日接待游客逾26万人次，取得开门红。3天客流突破60万，10天客流突破100万，一个月延安红街累计接待游客超过200万人次。80后、90后、00后占比超5成。

延安红街作为红色文化赋能城市新旅游的典型案例，不仅是商业模式上的创新，也是完善红色旅游综合功能的创新，更是红色旅游表达方式和游客体验感的创新。如今，延安红街成为红色文化旅游新的经典之作，未来，万达集团还会继续围绕红色文化内核持续创新，挖掘新的发展潜力，不断谱写红色文旅市场新传奇。

胡章鸿
大连万达集团、北京万达文化产业集团首席副总裁
北京万达文旅规划设计院院长

开篇语：

旅游业是人力密集型行业，同时也是一个人才稀缺的行业。人才是旅游业最核心的竞争力，优质、富有创造力的服务是旅游业未来创新的核心方向。而旅游业最稀缺的恰恰就是人才，不仅需要热爱这个行业的人，更需要真正有专业能力和实战经验的应用型人才加入行业。

中瑞酒店管理学院就是这样一所为泛服务行业培养高级管理人才的学校。中瑞突破传统教育模式，着力将学生培养成为具有良好职业道德、职业素养、职业技能的应用型人才，探索出一条成功的中国应用型大学之路。这一切都与中瑞独特的育人文化理念和鲜明的办学特色密不可分。中瑞的育人文化理念和办学特色可以用“12345”来概括总结，下面就让我们一起来解密这串神奇的数字吧！

中瑞育人文化体系

“瑞”意创新 育人教书

中瑞酒店管理学院（以下简称中瑞）是教育部批准设立的全日制本科普通高等学校，现有学生人数近3300人，教职工近300人。办学14年来，中瑞突破传统教育模式，只开设酒店管理一个核心专业，以业界需求为导向，着力将学生培养成为具有良好职业道德、职业素养和职业技能的应用型人才，探索出一条成功的中国应用型大学之路，逐渐成为酒店教育界的一面旗帜，并被誉为酒店业的“黄埔军校”。在此过程中，中瑞独具特色的校园文化功不可没。

中瑞的育人文化理念和办学特色可以概括总结为：一副对联，两套支撑系统，三个核心价值观和零容忍，四个IP和五个H。

一、中瑞育人文化理念

（一）一副对联

上联：知行合一，学以致用；下联：做正派人，干正经事；横批：育人教书。这是中瑞校园文化的基础，也是人才培养体系的基础。

育人教书是中瑞在办学之初就提出的，这不仅仅是传统意义上“教书育人”次序的改变，更重要的是理念的转换，强调“育人为先”是学院办学理念和教育哲学的核心。

上联“知行合一，学以致用”是中瑞的校训，“知行合一”指的是内在良知和外在良行的统一。“学以致用”是指为了实际应用而学习，是中瑞所有专业人才培养方案制定的标准。下联就是“做正派人，干正经事”，旨在通过课堂教学和课外活动等提高学生的职业技能，提升学生的职业素养，教会学生做正派人，干正经事。中瑞校园文化还提倡不与学生作对，主张以学生为本，对待学生严格不严厉，全心全意为学生服务，学生是学校的主人，充分尊重学生、关心学生、帮助学生、爱护学生，对学生提出的问题或困难要做到“有问必答、有求必应（回应）”，用心对待每一名学生的问题或者诉求等，真正做到全心全意为学生服务。

（二）两套支撑系统

实现中瑞办学理念的两套支撑系统，即独特的养成式校园文化和全球领先的人才培养模式。全球领先的人才培养模式主要体现在以下几方面：

中瑞搭建真实职业育人环境，强化沉浸式全景育人效果，真正做到教学运营一体化，理论实践一体化，让学生“学中做，做中学”。中瑞有自己的教学酒店、前台、品酒教室、酒吧、演示厨房、红酒雪茄吧、中西餐厅、咖啡实验室、客房、宴会厅、瑞康颐养中心等，这些地方既是经营场地又是课堂。教师的角色既是学业导师又是部门经理。教师在教学过程中鼓励学生把错误犯在校内，如果学生在实践过程中无意打坏器具无需赔偿，在场师生都会鼓掌，目的是缓解学生紧张的情绪，也有“恭喜你犯了一次错误，下次就不会再犯了”的寓意。与此同时，学生在教学酒店会完成物资采购、餐饮服务、客房服务、宴会管理、人力资源、市场营销及财务管理等专业课的学习。学生从大一入学开始，就有半年的时间在教学酒店学习这些实操课程。

学院按照酒店运营实际，开设了16个酒店实操模块课程，学院打破高校常规课程的排课方式，结合酒店实际运营排班进行排课。学生根据排班，每天6:00—21:00在教学酒店边运营边学习，真正实现了教学运营一体化。学院在第三学期和第六学期安排学生去校外的酒店业和服务业实习。其中第三学期是基础岗位实习，第六学期是管理实践，所以中瑞学生在毕业的时候就已经有一年半的工作经历。

此外，中瑞对教师的要求是不仅在课堂上教知识，更要做到课堂育人。教师在课前检查学生考勤、着装规范，督促学生将手机放入墙上的“手机袋”，水杯、纸巾等与学习无关的物品需放置在教室置物台。师生在上课前要互相问候，学生上课发言时首先向大家问好，并介绍自己，发言结束后要说“谢谢”，如果是上台发言先鞠躬，结束发言时也要鞠躬致谢。学生下课后，主动将桌椅归位，带走垃圾，最后离开教室的师生要关窗以及关灯、关空调等设备，并且和老师说“再见”。

中瑞在办学之初就已经明确了“国际化、应用型”的办学定位。这种国际化一方面指的是中瑞引进和借鉴世界最好的酒店的高等教育人才培养模式和理念，结合中国国情形成了独具特色的“中瑞模式”；另一方面指的是目前中瑞与15个国家33所高校建立了合作，学生可以去这些学校完成双学位或者硕士学位；还有一点是中瑞培养的学生具有国际化视野，中瑞每个学生有长达一年的时间是在国际品牌五星级酒店实习。

（三）三个核心价值观和三个零容忍

中瑞一直奉行尊重、专业、责任的核心价值观，这是由中瑞全体师生票选产生，是全体中瑞人的行为准则。践行学院核心价值观，要求全体院管干部也要以身作则，比如建无烟校园，院长就带头戒烟；乘坐电梯时，女士优先；院长和老师、同学们一起食堂排队就餐；走在校园里，院长和每一位师生、保洁、保安打招呼；每个月举办一次院长午餐会，听取师生对于学院运营和管理的意见，也鼓励师生在提意见、建议的同时要提供解决方案，并为学院发展积极献言献策；院长和学生们一起健身，参与学生活动，随时了解学生的学习、生活和思想状况。学院建立了问题自查制度，各部门每周针对部门工作进行自查，发现问题，并提出解决方案和解决时间，向全院进行通报，通过各部门自查，建立了工作中反思机制，形成了“找差距”的校园文化和工作作风。

2019年，教育部等七部委联合下发了《关于师德师风建设的意见》，强调师德师风建设，而中瑞早在2012年即对全体教职工提出三个零容忍，即反党、反国家、反社会、反学院零容忍；道德败坏、学术腐败零容忍；贪污受贿零容忍。中瑞培养的是社会的建设者而绝不是破坏者。中瑞师生做人做事的基本要求就是“做正派人、干正经事”。如有教师违反三个零容忍将直接开除，其他违规违纪行为将提交教师法庭开庭审理。

（四）中瑞的核心竞争力——四个 IP

这么多年来，中瑞逐步打造了独特的“中瑞模式”，并有了自己的4个IP。第一个IP是符合业界实际的课程设置：中瑞在借鉴全球领先的酒店管理学院课程设置的基础上，结合中国国情制定了特色鲜明的酒店管理人才培养方案。每学期会将学生在实习中收集的行业最新知识点更新到教学内容中，使课程紧密结合酒店及泛服务业发展，让学生能将知识技能与职业素养相契合，理论和实践相融合，真正让学生在学中做、做中学。第二个IP是自主编写的教材：根据国内外旅游饭店业的运行实践，由经验丰富的专家挂帅，带领中瑞具有丰富经验的业界教师和具有深厚理论功底的学界教师共同编写符合行业实际、高质量、有特色的专业教材。目前学院有自编特色教材40部。第三个IP是实践与理论相结合的师资队伍：中瑞从建校之初开始，就一直坚持“双师型”的师资队伍，聘请具有酒店及泛服务行业丰富从业经验的总经理、总监等高管和具有多年高校工作经验的专家教授共同担任授课教师，共同备课，取长补短。学院现有业界教师100名，每年寒暑假都会到酒店挂职顶岗，学习业界最新实践，充实教学内容。第四个IP是独特的校园文化。中瑞的校园文化一以贯之在学院教育教学的每一个环节之中，重视礼仪行为和生活习惯的规范化。

（五）中瑞人才培养过程——5H

5H是中瑞人才培养过程，即Hand（动手）、Head（用脑）、Heart（走心）、Health（身心健康）、Happiness（快乐），5H分学生5H、专任教师5H和教辅人员5H。通过师生全员覆盖的5H培训，让全体师生在中瑞健康快乐地生活、工作和学习。

中瑞工会和团委通过第二课堂组建各类社团和俱乐部，鼓励全体师生拥有一项兴趣爱好和一项体育运动，做到“work hard，play harder”。学院将体育课打造成“体育超市”，由学生根据自己的兴趣和教师的特长进行选课。学院每学期专门抽出一周时间举办“瑞悦”成长季活动，师生根据兴趣、爱好等，可以申请加入同一社团，同一俱乐部，一起参加活动，这样也有利于增加师生之间的感情。中瑞的师生瑜伽队在2020年和2021年首都高校瑜伽比赛中摘得十四个一等奖、五个二等奖、优秀教练员奖、优秀宣传奖、最佳组织奖，还分别荣获团体总分第一名和第二名的好成绩。

二、中瑞养成式教育体系

（一）以酒店业为标准的着装规范和礼仪行为规范

多年来，中瑞积极推进校园文化和酒店文化的融合，开展以职业素养为导向的养成式教育，按照中国酒店行业的着装和服务礼仪规范中瑞全体师生。教师和学生在正课期间须佩戴名牌、穿着商务正装进入教学区。为弘扬中华服饰文化，学院将旗袍、青年装和中山装也纳入商务正装范围，每周五师生穿着商务休闲装。遇重要活动和庆典，如奖学金颁奖典礼、毕业典礼、五四表彰等，师生穿礼服出席，营造满满的仪式感。

为让学生知书达礼守秩序，学院围绕学生的学习和生活制定了一系列礼仪规范，其中包括28项礼仪规范，230条具体细节要求，并针对全体师生进行全覆盖全员培训。如端正坐姿、站姿礼仪；行走礼仪要求左手执物，路上见到垃圾要主动捡拾，遇到学院设施设备有损坏要主动维修或者报修等；问候礼仪不仅强调学生要主动向客人、老师问好，而且要主动向保洁、保安问好；食堂礼仪要求男士要为女士掀门帘，到档口点餐要说“阿姨您好，我要这个菜”，点完餐后要说“谢谢阿姨”；电梯礼仪要求师生做到电梯旁两列排队等候，先下后上，女士及客人优先，进入电梯后要主动为他人服务等；重要活动对礼仪也有固定要求，如在实习就业双选会时，学生会依据组次排队进入会场，并问候“Good morning”，然后再到各自心仪的展位前排队面试；在学生上课进入校园时，男生和女生也是左右分开排队进入教学楼。

中瑞不仅倡导师生在校园内遵守各种礼仪、行为规范等，还倡导全体师生在家要尊重父母，在外要尊重他人，遵守公共秩序等传统文化和公民素养，如回家问候父母，离家道别，主动打扫卫生，为父母做一餐饭，用实习工资给父母买礼物，请父母看电影等。在疫情期间，中瑞学生不仅严格遵守疫情防控要求，更是积极响应国家号召，捐款捐物或者加入到疫情防控志愿服务工作之中，用实际行动证明中瑞学子对社会的责任与担当，时刻践行学院尊重、专业、责任的核心价值观。

（二）关注学生日常生活习惯的养成

学院除日常的行为规范养成外，还注重学生生活习惯的养成，主要是体现在星级宿舍评定和无烟校园建设两方面。学院参照星级酒店评定标准建立了学生公寓星评制度，评选“一星”级到“五星”级宿舍。星级宿舍评定结果被纳入学生综合素质评价系统，并作为学生评优评奖以及入团、入党推荐的重要依据。为满足部分同学晚上读书及学习的需求，学院在每层宿舍楼设置了“尚书房”，24小时供电供网，“尚书房”的管理均由学生自主管理，书籍来源基本是学生捐赠。

中瑞建校不久即是无烟校园，曾被评为“首都文明单位”。为了帮助学生健康生活，鼓励学生不吸烟和少吸烟；对于短期戒不了烟的学生，在生活区建吸烟区，吸烟区之外的吸烟行为将被记入行为规范管理系统。有吸烟习惯的学生将被列入班级帮扶对象，帮助学生制定戒烟计划，新聘教职工要签订《不吸烟承诺书》，有吸烟习惯的，须承诺戒烟时间。

学院提倡师生共同维护校园卫生，低年级的班级都有自己的“瑞田”劳动区，师生共同将闲置空地利用起来做成花园、菜园。同时教室的卫生由学生来清扫，学生督察队监督管理教室卫生情况；依托学生社团，每周设立劳动日，学生穿着统一的制服自主开展校园卫生清扫活动，让学生在集体劳动中提升个人生活技能，形成良好的行为习惯和生活习惯。

（三）蒲公英队伍以及行为规范管理系统保障校园文化落地实施

养成式教育的践行，都由学院蒲公英志愿者保障落地实施。蒲公英是中瑞校园文化督导团队的代称，是中瑞的“校园督察”。蒲公英分为金、银、铜以及入门级四个级别，入门级蒲公英称为“督导员”，金、银、铜级蒲公英称为“督导官”。蒲公英志愿者在早晨、中午以及大课间对全院师生行为规范进行督察，督察结果记入12分行为规范管理系统。如果师生在一个学期内将12分扣完后，不仅受到相应的处分，还要重新参加培训，考核合格后方可继续参与教育教学活动。

（四）鼓励学生自我管理和参与学院管理

学院鼓励学生自我管理和参与学院管理，校内成立了校园护卫队、公寓委员会、伙食委员会等自治组织，比如学生在餐厅吃什么，多少价钱，什么风味等都由学生说了算。学校的各种活动都由学生组织，教师只是幕后指导，中瑞处处是课堂。

学院自2012年开设了学生法庭，有控辩双方和陪审团，主要议定学生违纪事项、建议处分类别。拟受处分的学生可以自我陈述，也可以请同学、家长辩护，陪审团由学生和教师组成，根据控辩双方的情况做出裁定。学生法庭自成立至今，开庭152次，年平均开庭15次、处理学生19人次、旁听人数达上千人次，未曾有投诉或申诉案例发生，也没有出现学生和家长托关系找学院领导“讲情”的现象。这也是中瑞思政课和法制课的一种形式。

三、中瑞办学成果

经过十余年的实践，中瑞校园文化和育人成果得到了家长、酒店业、泛服务行业和政府部门的认可。截至目前，中瑞为社会培养了8000多名毕业生，其中35%就职于酒店业及旅游业;45%就职于奢侈品、银行、传媒、房地产、航空等企业；15%的毕业生选择出国深造；5%的毕业生选择自主创业。目前大多数校友已经走上管理岗位，每年学院的就业双选会有200多家酒店业及泛服务企业参加。

此外，中瑞的学生志愿服务已经成为北京市乃至中国高端服务的名片，曾两次服务“一带一路”峰会；连续6年为中国网球公开赛服务。中瑞是“中网”在全国高校中唯一的战略合作伙伴；连续9年学生自主举办全球酒店业未来领袖高峰论坛，从活动策划、会议组织、洽谈赞助、活动宣传等每一个环节都由学生亲自操办，教师负责幕后指导。这个高峰论坛已经成为高校学生商务活动的一个品牌。

近年来，中瑞通过研发特色的培训课程，为酒店业、服务业及机构提供专业培训和顾问咨询服务，共开展公益培训讲座百余场次，参与人次超过一万。同时，走出国门，服务国家“一带一路”倡议。应商务部邀请，中瑞曾派教师前往桑给巴尔、塔吉克斯坦等地开展对外培训；还为中国融通旅游发展集团有限公司中青年骨干进行国内培训等，这一系列的对外培训都取得了良好的效果。

中瑞在注重人才培养的同时，也聚焦行业的热点、难点和痛点问题，创办了《酒店评论》，集杂志、微信公众号和沙龙于一体，为酒店及服务业的中高层管理者提供一个批评、思考、争鸣与创新的平台。此外，中瑞还打造了一个论坛品牌——酒店评论人才发展论坛。该论坛以《中国酒店人力资源现状调查报告》为基础，以“人才发展”为主题，专注探讨酒店及泛服务业人力资源的痛点和难点问题，自2016年以来，已连续举办六届，得到了中国旅游协会、中国旅游饭店业协会、中国旅游饭店业协会人力资源分会、酒店及泛服务业中外人文交流研究院暨人才培养基地等单位和众多媒体单位的大力支持。六年来，通过线上、线下方式参加论坛的人数已超过上万人次。每年学院发布的《中国酒店人力资源现状调查报告》已经成为酒店从业者必读的报告。

由于中瑞办学特色鲜明，2021年6月，教育部中外人文交流中心通过广泛考察论证，决定与中瑞共建酒店及泛服务业中外人文交流研究院暨人才培养基地，至今已经有200家会员单位加入。中瑞打造的集人才培养、学术研究、实习实训、决策咨询、培训服务、人文交流为一体的开放性、国际性产教融合高端平台和人文交流品牌，为中国酒店及泛服务业提供政策咨询、智力支持与资源服务。

2022年，中瑞的“酒店管理专业”获批国家级一流本科建设专业，“财务管理专业”获批省级一流本科建设专业。全国共有260家本科院校开设酒店管理专业，而中瑞的“酒店管理专业”是2022年北京市该专业唯一获批的国家级一流本科建设专业。中瑞的《企业战略管理》《国际商务礼仪》等课程获评2021年北京高校“优质本科课程”。中瑞曾两次荣获“5A级社会组织”称号，“首都文明单位”称号。2017年在最佳东方高峰论坛上，中瑞荣获“旅游服务业2017优秀人才培养院校”荣誉称号。同时，中瑞也是中国旅游协会旅游教育分会副会长单位，是北京、河北20余家中学的素质教育基地。这代表了中瑞10余年来，坚持特色办学、坚持面向行业需求办学、坚持创新、坚持探索独具特色的中国应用型大学办学模式的硕果，也代表了学院以酒店管理为核心的专业群建设获得了社会各界的广泛认可。

由于中瑞办学特色突出，中国交通建设集团投资14亿元创办的三亚中瑞酒店管理职业学院，全权委托中瑞进行运营管理。目前三亚中瑞酒店管理职业学院运营良好，已成为海南省高等职业教育的靓丽名片。

十四年来，中瑞作为中国应用型酒店本科教育的先行者，不断探索创新，成功走出了一条中国酒店高等职业教育的必由之路，这种全球领先的人才培养体系和独特的校园文化——中瑞模式，真正回答了中国高等职业教育的三个核心问题：“为谁培养人，培养什么样的人，怎么培养人”。中瑞人将继续努力，为业界培养具有良好的职业道德、职业素养和职业技能的人才，助力产业进步，助力中国服务！

高松涛博士
中瑞酒店管理学院院长

“1+1”对话（一）

文旅+文创：河南博物院考古盲盒的“出圈”之路

开篇语：

近年来，很多人都感受到一种力量的崛起——中国人逐渐被唤醒的文化自信。据统计，2020年超过5亿人次走进了博物馆，博物馆成为热门的旅游打卡点。大部分博物馆的门票是免费的，而有一家博物馆——河南博物院，把旅游文创产品考古盲盒卖到了3000多万元。考古盲盒不仅是一件文创产品，也是一个载体，承载着历史的变迁，也承载着弘扬传统文化的美好愿望。

主持人：

葛磊，中国旅游协会旅游营销分会副会长、中青旅研究院副院长、中青旅联科首席创意官

案例代表：

丁福利，河南博物院党委副书记

葛磊：我们讨论的主题是河南博物院的考古盲盒，听说这款盲盒的销售额已经超过3000多万，您能给我们大家介绍一下这个盲盒的特点吗？它吸引人的地方到底在哪里？

丁福利：河南博物院考古盲盒“失传的宝物”系列，于2019年8月份在河南博物院文创商店上架销售，不久便火爆出圈，持续热销，用“爆款”二字来形容也不为过。

“失传的宝物”考古盲盒之所以受到人们的喜爱，与它具有的三个鲜明特点是密不可分的：

第一是盲盒理念的创新。在这款产品创意之初，我们就提出了“动态文创”的新理念，这是新时代文旅融合背景下，人民群众对美好生活向往的需要，当然也是河南博物院顺应趋势，对文创发展模式的探索和创新。那么，相较于以往市面上的盲盒开盒即等于结束，我们根据“动态文创”理念研发的考古盲盒，就显得体验感十足：在打开盲盒之后，可以拿起我们赠送的洛阳铲等微缩考古工具，亲手去挖宝，经过探究，最终获得埋藏在其中的宝物。这种从未有过的新奇体验，使得消费者即便是在家中，也能够在“考古场景”中感受专业考古工作者发现宝藏的惊喜。

第二是盲盒内容的创新。之前市面上流行的盲盒手办，其内容大多是动漫、影视IP或者是设计师设计出来的玩偶，河南博物院考古盲盒里装的则是博物馆里精品文物的“微缩仿制模型”。消费者在根据指南挖出宝物的同时，还可以看到这件宝物背后的原件，也就是真正文物的配套简介，使消费者在享受一番娱乐的同时，学到文物历史知识。

第三是盲盒游戏规则的创新。我们的盲盒与市面上众多考古玩具的不同之处，在于它设计了许多有趣的游戏规则，特别是规则里巧妙地注入了一些参与的激励机制。比如“一对虎符兑换一枚大将军印”，“挖空了盲盒可获得一枚‘兢兢业业’勋章”等。

正是这三大特点，让当代消费者特别是青少年群体对我们的这款考古盲盒产生了浓厚的兴趣。

葛磊：大家知道，“考古”两个字对我们来说似乎是一个特别生僻的字眼，“盲盒”又是年轻人当中特别潮流的一个消费单品，但是“考古盲盒”这四个字融合以后，让我们感觉到一种奇妙的化学反应。其实在了解考古盲盒之后，有三个让我感到特别意外的东西。第一，拆盲盒的过程是一个体验的过程，我要去挖土，把宝物逐渐地呈现出来。第二，这个土是洛阳土。大家都知道，有一句话叫生在苏杭，死在北邙。洛阳从商周开始，就是贵族、皇族的墓葬之地，所以这也是有历史文化的土，细节做得非常到位。第三，盲盒也赋能乡村振兴，当地的农民是这些盲盒真正的制作者。所以，任何一个创新肯定不是偶然的，一个盲盒撬动了一个产业，一定有它背后的故事，我想请丁书记介绍一下河南博物院做盲盒的初心是什么，是不是也走过一些弯路？一开始的设想应该没这么完美吧？

丁福利： 作为国内第一个推出考古盲盒和数字考古盲盒的博物馆，我们的初心就是秉承着“扫历史文化之盲，树历史文化自信”的宗旨，通过“守正创新”，推动传统文化的创造性转化和创新性发展，真正实现让文物“活起来”，让公众把美好的“博物馆记忆”带回家，把考古元素和时下流行的盲盒概念结合起来，模拟考古的未知性和神秘性，让老祖宗留下的历史文物与当今的社会大众更贴近，从而在潜移默化中传达对考古事业的致敬，实现对中华优秀历史文化的传承。

从考古盲盒火爆出圈至今，我们实现了考古盲盒从产品到产业化的升级。我们认为产品的出圈，不应该是文物活化的终点。一开始由于生产力有限，我院的考古盲盒产品几度出现了供不应求，甚至一些消费者因买不到盲盒而感到不满。对此，我们在做好耐心解释和着力解决生产问题的同时，还提高政治站位，积极承担更多的社会责任，致力于探索文化产业加持乡村振兴的路子，决定在农村选址，打造考古盲盒的特色生产车间。考虑到当地的历史文化基因、用工成本及当地留守人员的就业问题，我们因地制宜，在洛阳市宜阳县张坞镇办起了文创盲盒加工厂，直接带动就业30余人，间接带动就业150余人，生产线也由1条逐步增加到4条，终于走出了一条国有博物馆文化产业助力乡村振兴的新路子。在此基础上，我院又与支付宝等企业联手开发了“一起考古吧”小程序等多款考古盲盒的网红支线产品。除此之外，我们还通过建立文创智库平台和组织一年一度的博物馆文创大赛等方式，凝聚和拉动100多家企业、高校和文创机构资源共享与合作共赢，为盲盒经济和全社会的文创产业，营造了更广阔的创新环境。

实践充分证明，文化创意是让文物“活起来”的有效载体和方式，是博物馆社会教育职能的有效延伸，是完善博物馆现代服务功能不可或缺的鲜活内容。

由于历史的原因，河南博物院的文创工作于2019年正式扬帆起航。尽管发力比较晚，但是院党委审时度势，在虚心学习借鉴全国的一些优秀博物馆先进文创经验的同时，制定了一系列有力的后发措施：一是确立广泛参与的“大文创”理念，注重解决“抓多大”的问题；二是高起点建立健全了院党委集体领导下的文创工作组织机构，注重解决“谁来抓”的问题；三是制定首个三年工作规划，注重解决“怎么抓”的问题；四是组织专业队伍充分挖掘馆藏文创资源优势，注重解决“抓什么”的问题；五是坚持开放合作共赢，注重解决“与谁一起抓”的问题；六是创新文创激励机制，注重解决“怎样抓好”的问题。

正是这一系列行之有效的组合拳，使我们的文创工作在三年间迈出了三大步，取得了比较显著的成效，在全国享有了一定的知名度。下一步，我们将着重在健全高质量文创产品研发体系、丰富文创服务体系、完善文创发展模式、完善文创体制机制等方面再做更好的文章，争取使文创工作在新的历史起点上再跨上一个大的台阶。

葛磊：丁书记回答有点儿“凡尔赛”，说这个盲盒供不应求，向我们的用户解释现在为什么缺货。我从丁书记的话里抓住了三个关键词，第一是使命感，做盲盒首先不是为了挣钱，而是为了扫传统文化之盲，是为了秉承弘扬传统文化的使命。第二是产业链，盲盒从设计、生产到销售，在博物馆销售以及后来在网上销售，形成了一个非常完整的产业链。第三是朋友圈，现在河南博物院的整个文创，应该说是联动着社会的创意资源、跨界资源，包括支付宝这样的一些平台资源，来共同托举盲盒这样的文创产业。我觉得河南博物院这次做出了一个很大的产业创造的举措。我们的讨论不光是盲盒，而是盲盒引申到的整个文旅产业，我感觉盲盒的兴起，不光是因为盲盒做得好，也是因为正好赶上一个好时代。这一代中国人，尤其是年轻人正在唤醒文化自信，正在去寻找我们的传统文化，正在去探索大地上的博物馆，充满了对文化的探索欲。那么，丁书记怎样去看待这个时代的文化复兴，怎样去看待这样的一种文化现象，包括这样的文化自信给我们的文旅产业提供了哪些新的机遇？

丁福利：文化兴国运兴，文化强民族强。习近平总书记多次强调，要让文物活起来，实现中华优秀传统文化的创造性转化和创新性发展，充分彰显文物的历史价值、文化价值、审美价值和时代价值。2020年，党的十九届五中全会明确提出，到2035年建成文化强国。领袖的指引和一系列国家政策的支持，为推动文化事业和文化产业繁荣发展、满足人民群众日益增长的精神文化需要、提升国家文化软实力指明了方向和路径。

同时，我国综合国力与国际地位的上升，极大地激发了青少年一代的文化自信，也成为“国潮经济”得以流行的必要条件。近些年的“博物馆热”“考古热”“国潮热”现象都是在这样的背景下兴起的。“节假日到博物馆去”以及“不在博物馆就在去博物馆的路上”，已经成为社会新风尚，更彰显了中华传统文化的无穷魅力，从一个侧面折射出国民的文化自信以及这个时代的文化复兴。

新时代“文化复兴”的东风是文旅产业最好的发展机遇。我们将不忘初心、踔厉奋进，以文化发掘为根本，实现文旅产业“新发展”；以人才培养为关键，打开文创产业“新格局”；以政策革新为契机，助力文创产业“新飞跃”。

葛磊：谢谢丁书记，我是一个河南人，河南是我的老家。作为一个河南人，我挺自豪的。我们看到河南的唐宫夜宴和龙门金刚“出圈”。今年春节，很多人都在关注河南卫视的春节晚会，让我们感受到了河南在文化出圈上做出的努力。河南省委书记楼阳生在党代会上提出了河南的十大振兴战略，其中第五项就是“文旅+文创”，用创意去激活文化，用文化去赋能旅游。第三届“中国服务”·旅游产品创意案例中推介的8个案例有考古盲盒，但实际上河南还申报了龙门金刚——七夕奇妙游、中国沉浸式演出新生代的代表作《只有河南·戏剧幻城》、云台山的电音节，还有经常上热搜的老君山。应该说河南的这种文化出圈是层出不穷。请问丁书记，您认为河南做对了什么，让我们的传统文化在这个时代能够有这样的活力和出彩？

丁福利：习近平总书记曾强调：“黄河文化是中华民族的根和魂。”地跨黄河两岸、位居中原腹地的河南省，是黄河文化孕育、演进的核心区和集大成之地。在5000多年的中华文明史中，中原地区作为全国政治、经济、文化中心长达3000多年。中国八大古都中，河南的郑州、开封、洛阳、安阳占四席。手握数千年中原文化王牌，河南省近些年可以说在传统文化的活化方面，出圈的亮点不断涌现，传承和创新链条不断地完善。

究其根源，我认为主要是做对了三点：

一是深入挖掘与活化优秀传统文化。2022年3月底，河南省委书记楼阳生在深入调研河南省文旅文创、创意产业等发展时指出，讲好中国故事、河南故事，要发挥厚重文化资源的独特优势、深入挖掘历史文化深厚积淀，不断创新表达方式、表现形式，坚持以文塑旅、以旅彰文，让游客体悟感受中原文化的博大内涵、精神和力量。楼书记的调研讲话，既是对河南今后文旅文创工作的要求，也是对河南近期这项工作的肯定。

二是准确把握时代审美脉搏。近年来频频“出圈”的河南文创、河南景点、河南节目，都是让传统文化元素精准契合新时代人民群众多元审美趋向的产物。事实证明，只有坚持以人民美好生活追求为导向，坚持守正创新，不断推陈出新，传统文化才能得到更好地传播与发展。

三是引发当代青年共鸣。河南文化“出圈”的实践证明，在互联网时代，传统文化的传播方式必须与时俱进，再好的内容也需要利用好数字时代的传播规律。而互联网时代，如何吸引青年人的关注，是传统文化活化传承必须要面对的问题。河南文化的“出圈”，正是借力互联网传播的威力，将广大的青少年群体成功“圈粉”，被“圈粉”的青少年群体又通过互联网平台的分享传播，让传统文化走进大千世界，“飞入寻常百姓家”，在带动千家万户享受一场场文化盛宴的同时，凝聚了民族认同感，增强了全民的文化自信。

葛磊：感谢丁书记。我在做营销，也做产品策划，我觉得河南还有三点做对的。第一，我们对文化的认知变了。实际上不是所有的文化都能“出圈”的，这波河南的文化“出圈”更多的是唤醒了我们每个人内心的一种文化共情，比如唐文化，龙门金刚展现出来的佛教文化，以及考古盲盒展现出来的传统文化。我们找到了那些让我们的年轻人和全民族有共情的文化符号。第二，我们对文化的表达方式变了。这几次河南传统文化出圈更多靠的是短视频等新媒体面对年轻人的表达方式。第三，文化的体验方式变了。现在文旅产业的一个大趋势就是“沉浸式体验”，河南正在打造若干个大范围的沉浸式体验的历史文化场景，让游客真正可以把自己带入历史当中，带入文化当中。

开篇语：

河南博物院考古盲盒“失传的宝物”是首次采用“动态文创”理念开发的一款文创产品，也是新时代文旅融合背景下博物馆文创发展模式的创新。河南博物院文创团队通过研究盲盒兼具惊喜和社交的属性，将致敬考古工作、传播文物知识作为开发方向，并融入时下热点盲盒概念中，创新性地研发出全国首款“考古盲盒”。通过豫博文创的一系列品牌运作，考古盲盒被打造成为品牌IP，并与支付宝、百度、腾讯等企业达成授权合作，为企业进行文化赋能。深入文旅文创融合发展，考古盲盒走出一条“立体文创”的道路。通过小小的盲盒中的宝物，观众可以打卡省内文物古迹。通过文创商品与旅游线路结合起来，变成一个多维立体的互动空间，将考古盲盒打造成为文化遗产旅游的延伸性产品。

河南博物院考古盲盒

考古与盲盒的“光合作用”

一、研发背景

习近平总书记说，“文化产业是一个朝阳产业”，而文创产品就是文化产业中的一员。文创产品借助现代科技手段对文化资源、文化用品进行创造与提升，通过知识产权的开发和运作生产出高附加值产品。近几年，随着博物馆文创工作的开展，许多优秀的文创产品面世，河南博物院考古盲盒也是其中之一。河南博物院的文创产品开发经历了1.0、2.0时代后，在3.0晋级的道路中提出了“动态文创”的概念，“考古盲盒”是第一款在此概念下诞生的产品。2019年是盲盒手办快速增长的一年，因为盲盒产品高度的不确定性造就了它的吸引力，并成为用户社交热点话题。河南博物院文创团队（简称“豫博文创”）通过研究，认为盲盒兼具惊喜和社交的属性，将致敬考古工作，传播文物知识作为开发方向，将“扫历史文化之盲”的盲融入时下热点盲盒概念中，创新性地提出了“考古盲盒”这一概念，从而诞生了全国首款“考古盲盒”。

二、什么是考古盲盒

河南博物院考古盲盒以“失传的宝物”命名，分为传承、史诗、传说三大种类。2021年9月更新的宝物中包含了河南博物院六大镇院之宝及80多款文物微缩仿制模型，其种类涉及青铜器、玉器、陶器、瓷器，可以说是品类繁多。为了模拟真实的考古体验，产品细节也处处体现考古的专业性，考古盲盒中包裹“文物”的泥土是来自洛阳北邙充满千年古都文化气息的土壤，产品中包含了考古钻探神器——洛阳铲（微缩版）、专用小刷子，连外包装上都印有考古地层标记。

2020年12月1日，习近平总书记在《求是》杂志发表了一篇关于重视考古学的文章，紧接着第二天，有网友在豆瓣网上发布了考古盲盒的开箱视频，瞬间吸引了大批年轻人关注，引发各大自媒体博主争相测评，中央级媒体、港澳台媒体、省内外媒体争相报道。截至2022年5月，考古盲盒已销售近40万个，销售额超3000万元。

三、考古盲盒的特点

“一部河南史半部中国史”准确描述了河南作为全国文物大省，文化底蕴之深厚。在漫长的历史长河中，河南地区考古发掘工作一直排在全国前列。安阳殷墟的发掘，被认为是中国现代考古学诞生的标志。新中国成立后，中国科学院考古所正式成立，随即前往河南辉县开展发掘工作，这是新中国成立后第一次以培训为主要目标的田野考古。《辉县发掘报告》的出版也被称为新中国田野考古范式的确立。考古专用设备洛阳铲，也成为河南地区的一个符号。在这种背景下，将考古与盲盒相结合，与河南本身的文化定位不谋而合。

“失传的宝物”考古盲盒之所以受到人们的喜爱，与它自身的特点密不可分。首先，之前市面上流行的盲盒手办大多是动漫、影视IP或者设计师设计的玩偶，而河南博物院考古盲盒是精品文物“微缩仿制模型”。在顾客挖掘出宝物后，内含对应的宝物简介说明，阐述了其时代和历史价值，使得消费者在娱乐的同时可以了解到一定的文物考古知识。其次，在这个产品创立之初，豫博文创就提出了“动态文创”的概念，相较于普通盲盒开盒即结束，“失传的宝物”考古盲盒打开后需要消费者亲手发掘，最终获得宝物，这种互动体验让消费者可以在独立的“考古现场”中感受发现历史的瞬间。第三，考古盲盒与市面上众多考古玩具的不同之处，在于它有许多游戏规则，类似电竞游戏中玩家寻得宝物获得新技能、道具一样，比如“一对虎符兑换一枚大将军印”“挖空可获得一枚‘虢兢业业’勋章”……总之，秉承着“扫历史文化之盲”的理念，考古盲盒在潜移默化中传达着对考古事业的致敬、对历史文化的传承。近期，考古盲盒包装再次升级，本次升级又赋予了玩家一项新的技能——策展人。

四、考古盲盒的品牌运作

从商业运作的角度来看，一个博物馆文创产品想要赢得市场就需要有自己的品牌。文创产品并非单一的存在，开发一件或一个系列的产品，需要通过文物选取、市场调查、产品设计及制作等来打造一个有影响力的IP。考古盲盒在上市初期一直以开放的心态迎接消费者，工作人员通过顾客的反馈对产品进行了一次次的修改，小到产品包装设计，大到设计隐藏款宝物，通过消费者的反馈对产品进行一次次的升级。截至目前，豫博文创已对“失传的宝物”考古盲盒“传承”进行了外包装的8次迭代升级。

博物馆除了利用自身形象对产品进行背书外，又通过社交网络进一步拉近了与消费者的距离。在“隐藏款”兑换活动中，河南博物院送出的是本院出品的图书《品鉴》，图书的扉页上写着：“我们因豫博文创结缘，期待有一天相见，愿您心中所想心中所愿都能实现。”此举以心贴心，给予消费者温暖与感动。同时，博物馆利用微博“豫博文创大怒哥”和微信公众号“豫博文创研发中心”与粉丝进行互动，第一时间得到反馈，及时提升产品品质，并以礼品回馈。

在豫博文创产品体系打造中，制定了“王者联动”的重要战略目标，即产品与产品之间、方向与方向之间形成了一种策略性的配合。考古盲盒作为当仁不让的“王者”，参加了多次“联合作战”。比如与另一款明星产品仕女乐队手办盲盒联动，在彼此的详情页里都增加了互动的内容，并且在考古盲盒中还加入了仕女乐队手办盲盒的兑换券；带领着修复盲盒、传拓盲盒一起成为豫博文创体验版盲盒的“三剑客”。每一次新品上线，王者即出，久而久之已经成为粉丝们习惯的话题。

豫博文创还实施“走出去”战略，提出“立体文创”概念。考古盲盒进博物馆、进商场、“出海”，让“考古盲盒”不再是一个单一的空间，而是形成一个开放、交流互动的空间。比如，举办的“周末带着仕女乐队小姐姐去打卡吧”“集考古盲盒参加免费古都游”“失传的宝物——考古盲盒”特展等活动。通过这些活动，让文创商品与旅游线路结合起来，变成一个多维立体的互动空间。例如，2021年7月3日至11日，在郑州二七万达广场举办了“探见博物馆之旅——河南博物院‘失传的宝物’考古盲盒互动展”，首次将文创特展“搬”进购物场景。本次互动展也是豫博文创为第一款文创单品举办的特展活动，希望通过这种新颖的互动展览的形式，更好地讲述文创故事。

在拓宽消费渠道上面，《失传的宝物》系列考古盲盒先后入驻TOPTOY潮玩集合店。TOPTOY作为亚洲潮玩集合店，致力于打造成为亚洲最大最全的潮流玩具集合地，考古盲盒进驻TOPTOY也是将现代潮玩与传统文化相结合一种全新的尝试。2021年8月中旬，考古盲盒登陆加拿大大型商超，许多大洋彼岸的粉丝通过小红书等平台发来了开箱测评，点赞无数。2022年应Tik Tok邀请，入驻英区直播间，“Digging Toy”（挖宝玩具）再次“出圈”向海外观众展示极具中国特色的博物馆文创产品。

考古盲盒还进行了跨界联名合作。2021年6月27日，河南博物院与腾讯视频官方联名定制的“千古神仙爱情盲盒”正式上线。本次与腾讯视频的合作是《考古盲盒》创新发展上的又一次尝试，以“爱情盲盒”这种全新的形象出现在公众面前，用生动的实践，将中国风元素与现代生活联系起来，打造传统文化传承和创新的新风向。百度百科、马牌轮胎、支付宝等联名款纷纷上市，引爆各行业内的话题。

五、市场影响力

据数据统计显示，春节期间河南博物院的网络搜索热度同比增长了500%以上，上榜全国十大线上本地预定人气景区。“河南博物院考古盲盒”及“盲盒玩出考古快乐”的话题更是坐拥数千万的阅读量和3万多的讨论，一举将关键词“河南博物院”送上了同城榜的热搜首位……在2021年前两个季中国博物馆热搜榜中，河南博物院位居第五。

春节期间，除了除夕这天接待观众1000人次左右，其余每天观众达到8000多人次，门口排队的观众绵延200多米。假期过后，周二至周五的观众达5000人次左右，周末则达7000人次左右。

河南博物院考古盲盒——“失传的宝物”以求同存异为原则，打造文化遗产旅游的延伸性产品。豫博文创一直把自己作为提升的目标，守正创新是其发展的驱动力，以历史文化资源为基础，使大众在获得精神享受和文化体验的同时连接市场消费群体和产业，为文化保护和传承提供了良好的平台。

主题沙龙（一）

老字号的新未来

开篇语：

旅游消费本质上也是一种文化消费，人们越来越愿意为赋予文化价值、情感价值和精神价值的好产品去买单，换句话说，人们买的不再是一个商品，而是一种体验。以新国贸饭店三五堂为代表的餐饮企业创造了一种消费新体验，这些创新为企业积累了口碑、塑造了品牌，也体现了中国餐饮、中国旅游的匠心精神。

主持人：

张艺宁，中国旅游协会美食美酒专业工作委员会主任、品乐侍酒创始人

案例代表：

张李泽，新国贸饭店副总经理

嘉宾：

屈浩，世界中餐名厨委主席、中国烹饪大师

灵心小榭，美食美酒评论家、餐厅榜单评委、作家

张艺宁： 新国贸饭店三五堂餐厅打破了传统和现代的界限，将老北京的街边小吃引入了中央商务区的五星级酒店。美食对于中国人来说更多的是一种土地和记忆的连接。一个牌匾，一个传奇，就像是一个城市的符号，更多代表的是城市的风土人情和文化发展。很多传统老字号遇到了一些创新的问题，所以今天邀请在美食美酒行业的一些专家共同来讨论老字号未来的发展方向。首先有请中国烹饪大师——屈大师，曾经在北京丰泽园任职。作为中国美食手艺的传承人，您是怎么看待这个老字号创新这个概念？

屈浩： 主持人的问题非常好，也是我们现在面临的现实问题。我自己当厨师42年，从18岁入行，到创办专业的厨师学校，后来又进入老字号丰泽园饭庄工作了十多年，对中国传统鲁菜较为熟悉。跟着师父40多年，期间在国外工作了10年，包括20世纪80年代在日本，90年代在新加坡。回国后很多人劝我开餐厅，但是我想人生最有意义的事是一定要开一所中国式的地道的烹饪学校，因此我力排众议白手起家，创办烹饪学校20年，培训了6万多人，为行业贡献了绵薄之力。自己在国外十多年，深深体会到我们的厨师和国外顶级大师的差距，我深感有义务为提高整个厨师行业的文化修养、科技程度以及厨师的视野贡献一分力量。我们的厨师不缺刀工、勺工和调味手段，缺的是见识。我们切身体会到老字号创新的问题，因此中国厨师要丰富理念，拓展思维，为我们的餐饮未来的发展做好铺垫。

丰泽园现在经营还算不错，在集团中是疫情期间唯一盈利的饭店，它有根基、有底蕴、有内涵，有大众喜爱的那部分，也有一帮忠实的粉丝。老字号要想创新，首先要守住传统，要创新不忘本，要保持正宗的东西，不能把根、本、源失去了。我们看到了一些创新不成功的案例，就是由于没有根、没有本、没有源，天马行空，失去了自身的意义。

三五堂成功的点在于还有传统的根基和国人对它的认知。中华的传统饮食文化，是中国四大宝贵的文化遗产之一。一个国家想要文化自信，就要保持对我们国家宝贵遗产的重视和敬畏。它不仅仅是手艺，更是文化。所以我们讲传承，不仅是技艺的传承，更是理念、文化和精神的传承。我们也带徒弟，很多国外的大师说，我们从国外毕业，多少年后就可以成为主厨了，不理解中国为什么干了二三十年还要拜师。我们的理解这就是传承，传承师父的理念和精神。我们要向行业致敬，要向前辈致敬，他们身上有文化的精髓、民族的精髓，值得我们永远记住。

随着市场的发展和消费主力军的变化，创新摆在我们眼前。消费者变了，需求发生了变化。口味的需求，就餐环境的需求、服务程序的需求、对环境色彩的需求等都会发生变化。我们做过统计，热衷于老字号的人，50、60、70后居多，80、90，特别是00后大部分都是跟着父母进老字号，他们三五成群，喜欢时尚，喜欢符合他们品味的餐厅。我们看到三五堂的成功，不仅有传统的味道在里面，还有就餐环境和形式给予新的赋能、新的体验，所以得到了年轻主消费群体的喜爱，这种创新是契合实际的。

我们的烹饪学校开办20多年，也要紧握时代脉搏，也要不断适应市场需要。不仅要教授学院的传统课程、基本技能，包括切、劈、砍、剁、炸、熘、爆、炒、炖、焖、烧、扒，也融入很多新的东西。我们讲烹饪发展史、现代的食品科学、烹饪科学、分子料理理念以及中国意境菜的发展，让学员在学校期间就能够博采众家之长，拓展思路，打开视野，为他们以后走向市场不断创新做好铺垫。学校将成为他们成功的助推器，为他们的成长打好基础。

学校不仅仅培养技能高手，学校也是培养理念、拓展思维的地方。从对行业认知和市场把握的学习，到企业操作，年复一年日复一日，熟能生巧，耳熟能详，需要长久的训练。手艺也好、艺术也好，和艺字沾边的都需要砸出功夫和时间，功夫就是时间。没有时间的锤炼，光有头脑的变化，心眼儿好使、脑子好使，手跟不上劲也达不到完美的境界。所以烹饪艺术既是对大脑的训练和考核，也是对一双手的考核，真正的匠人才能称之为心灵手巧。面对市场的需要，我们在学校采取一系列新派的教学，取得了非常好的成绩。学校对在职厨师的培训在全国具有很高的知名度，学校最主要的使命是丰富他们的视野，增长他们的理念。只有对当今餐饮的发展了如指掌，才能在创新上游刃有余，这是我的一点体会。

张艺宁：谢谢大师。果然是非常的专业，分享给我们很多的想法。我代表网友向案例代表张总问一个问题：把三五堂的街头小吃引进五星级酒店，当时是怎么去满足个性化、年轻化和多样化的年轻消费者需求的呢？

张李泽：以前老北京菜馆基本在二环以内，真正在国贸商圈3到5平方公里内没有一家能够做老北京菜的。我们对国贸也做了分析，大大小小餐厅大概是98家，包括3家饭店，没有一家是做北京菜的。我们在2017年5月开业之前想尝试做一下北京菜，看看效果怎么样，当时在想怎么能让老北京传统的吃食，结合新的酒店，从街头巷尾引入到富丽堂皇的高端酒店，这确实是一个课题。我们也在分析这种餐厅的目标人群，当时定位是中西合璧，西餐为辅、中餐为主，老少皆宜。如果我们沿着这个调子把三五堂经营起来，要从三个方面做：一是个性化，在传承和开发创新之间寻找到一个平衡。比如爆肚，我们研发让它久涮不硬、久涮不老。自助餐不可能让客人去涮，餐厅负责为食客涮。大家有兴趣可以去尝一尝，不管怎么涮，毛肚都是软的。比如传统的煎饼果子，我们开发了十多种，最后和客人交流互动，留下来三种口味，原味煎饼、牛肉煎饼和金枪鱼煎饼。年轻人喜欢吃馅儿，而且讲究营养，通过几种鱼的测试，最后发现金枪鱼的味道最符合年轻人的口味。屈大师也讲了80、90后的饮食习惯和特点跟老同志不一样。那能不能带动他们了解老北京吃食呢？有些女孩子特别喜欢吃北京的卤煮，就喜欢那个味儿，这是一种记忆、一种传承、一种文化。我觉得能够沉淀在三五堂，开业至今走到今天，大家也是付出了艰辛的努力。餐厅门口的展台里面是水培蔬菜，我们大部分的冷菜和沙拉都是取自于水培，是无污染的绿色食品。餐厅的花卉摆设、桌椅颜色、地面墙面都是白色大理石、粉笔画，都体现个性化。二是年轻化。年轻人比较时尚，喜欢干净、喜欢快捷、追求变化。我们也做了大量调整。餐厅有两面，一面朝光华路，一面朝东三环，主要是中央电视台总部大楼和北京中信大厦，这个景色特别好，很多姑娘小伙老太太老头儿愿意去三五堂吃自助餐，自助餐298元封顶，不会超出预算， 在网上还有折扣活动，来了以后发现景色太美了，争相去拍美图，这也是一种广告效应。三是多样化。北京每年都在天坛、地坛举办庙会，我们一直想把他们引入三五堂来，经过两三年的实践，发现很成功，通过庙会搞活动，现场制作北京特色美食包括有涮爆肚、羊肉串、糖葫芦等。2018和2019的两年把庙会引入三五堂也是一个尝试。2019年和全国很多地方，如四川、陕西、内蒙古、云南、贵州、山东等搞美食节，甚至和林依轮先生搞“饭爷的美食节”，和老北京的爆肚满、小肠陈等合作，2019年做了18场活动，基本两周到一个月就做一场，吸引了大量消费者。

另外，我们经营比较活跃，三五堂自助餐是下午2点到5点休息，我们把餐厅变成小讲座，和孩子做活动，做小型会议和派对等，无形中丰富了活动，增加了很好的效益。吃食方面，根据年轻人的需求做了三文鱼刺身。女孩子们比较注意身材，这些方面我们都做了很多尝试和努力。很多东西都在于细节，看客人心态是什么，餐厅有卫生间，有标志，我们不挂牌子，当客人问时，我们直接给他们带过去。

避免了尴尬也增加了服务意识。还有要多跟客人交流，厨师长多走走多聊聊，客人喜欢吃什么我们就做什么。现在的餐厅已经不是吃饭的餐厅，是文化餐厅，是一个交流场所，是一个沟通平台。在这方面我们应该继续把它做下去。还有一个亮点是，在CBD区域的餐厅能提供停车位也是特别有竞争力的地方。所以很多时候要多想想，搞一些捆绑制，这样生意才能越来越好。

张艺宁：感谢张总的分享。灵心小榭是一个拥有百万粉丝的博主，也是很多餐厅的评委。那么您作为一个把自己“炒红”的美食达人，可以给我们的老字号推荐一些新型手法进行更好地推广吗?

灵心小榭：谈及老字号的创新发展，我想先讲一些传统食品运用互联网+创新营销的案例，来为老字号的发展提供参考。一是案例是大董的“董到家”。“董到家”是大董餐饮的新零售品牌，全面覆盖大董线下、线上、社群等多渠道销售，构建了烤鸭、大菜 、四季节礼和北京礼物四个产品版块。在餐饮线下营运不稳定的情况下，对餐饮门店的销售实现了良好的补充。这里来谈谈他们对烤鸭、炸酱和月饼这三种产品的创新开发。“董到家”开发的片片鸭解决了传统真空包装常温运输的烤鸭产品往往软烂而不酥脆的痛点。整只烤鸭用传统技法人工片取，采用急冻技术锁住烤鸭的质感，冷链运输，再指导消费者使用空气炸锅、微波炉、烤箱等现代家庭烹饪电器实现在家一键还原堂食现烤的体验。2021年一经推出，创造了6个月销售15万多只的记录。2022年又推出片片鸭2.0版本以及二人食套餐，覆盖了自食和送礼的多种消费场景。在销售模式创新上，开拓直播销售模式，与一些知名直播主播合作，其中首播创造了5分钟销售2.5万只的记录。除了网络推广，片片鸭先后与利仁空气炸锅、飞利浦空气炸锅等电器品牌合作，推出联名礼盒，真正实现鸭皮酥脆，鸭肉鲜嫩、少油的堂食烤鸭口感。还有大董肉丁炸酱，首创了三份肉丁一份酱料豪华配比的炸酱包装食品，并在底酱配比、蒸酱、小锅干炸慢熬、葱白入油等各个环节，坚持匠心传承的高品质，开拓出高端炸酱的新赛道。“董之月”的月饼，则率先开发了黑松露口味，树立起“黑松露月饼必选大董”的口碑，2021年热销黑松露月饼2万盒，并相继开发了黑松露鲍鱼粽、黑松露青团等时令礼盒。还与烈酒品牌跨界合作，以“和月亮微醺”为概念，推出大董黑松露马爹利联名礼盒，将马爹利酒注入黑松露月饼配方中，同时礼盒中赠马爹利蓝带干邑，产品一上线就供不应求。

第二个案例分享川菜，眉州东坡从2008年开始，尝试构建一套“三位一体”的体系，即农业公司、中央厨房、食品加工厂，三个生产线协同合作，从源头加工再到成品输出提供产品服务。中央厨房主要作用是像流水线一样把烹饪的核心技术分解，中央厨房做基础部门，门店师傅做后期加工。眉州东坡的包子、冻糕等就是由中央厨房做好，再配送到各个门店。72小时保质期以内的食品属于中央厨房，72小时以上则由食品工厂来实现。食品工厂生产的是餐饮食品，第一个开发的食品是川味腊肠，探索形成了模拟手工、国标生产的开发思路。在眉山基地的生产风干车间模拟当地腊月的湿度、温度、风速等，机器也按照手工灌制香肠人工搅拌的速度和方法进行设定，经过上百次的不断试错，建立了车间生产腊肠的工艺条件。还有辣椒酱、麻辣香锅调料、鱼香肉丝酱、预制菜的开发上都是模拟手工、国标生产的思路上继承和发展。在餐饮端，目前与巴奴毛肚火锅、比格披萨、真功夫、和府捞面等知名餐饮企业达成战略合作；在零售端，产品覆盖了数千家零售商超、便利店；在生鲜电商端，产品在京东、天猫、拼多多、每日优鲜、抖音等电商平台积累了数百万的忠实用户；此外，在社团团购中也做了很多尝试和努力。

作为美食评委和新媒体人，我也推荐老字号在拥抱新市场时，要借助好平台推出的美食榜单工具。除了以往点评的城市必吃榜、携程的餐厅推荐榜以外，美团点评推出了5个城市的尖叫菜榜单。北京、上海、西安、成都、长沙共推出25道城市特色小吃类美食，500家餐厅上榜。如北京的尖叫菜是爆肚、豆汁、卤煮、门钉肉饼和炸酱面。尖叫菜榜单是以菜品为线索来推荐当地的地道餐厅，入围的餐厅既有酒店，有连锁餐厅，也有胡同小店。老字号在这些城市名片和标签上美食单品上下好功夫，深耕好传统小吃，同样可以获得平台的流量，赢得新用户的倾心。

张艺宁：谢谢您的分享。在座的几位大家抛砖引玉，希望能够用各种手段、各种方法增加老字号的一些新收入来源。本人是品乐侍酒学院的创始人，我们是以饮业的方式来服务众生，我们很多的培训是针对中国的餐饮机构，提高他们在酒水方面的销售额。更多的是希望通过我们的专业培训，帮助餐饮机构解决饮品的销售收入。以上这些不光是老字号，所有的餐饮机构都会面临着后疫情时代怎么去增加各方面销售收入的问题。

开篇语：

美食中自有五味人生，民间街头小吃，同样能入大雅之堂。中国最后一个“士大夫”——文学大师汪曾祺老先生笔下的美食多是地方风味和民间小食，他谈萝卜、豆腐，讲韭菜花、手把肉，皆是娓娓道来，从容闲适，读的人则津津有味，满嘴噙香。

2017年，在首都北京中央商务区这个既极具国际化、又是北京地标的区域，出现了这样一家酒店餐厅，面对商圈内激烈的竞争环境和酒店餐饮亟待创新的局面，剑走偏锋地以地道老北京小吃为主打，在窗明几净的国际酒店里打造出一个别具一格的纯正老北京餐厅，一炮而红成为老饕和年轻食客心中的人气打卡餐厅，这家餐厅就是新国贸饭店的三五堂。

三五堂虽是国际星级酒店标准的全日制餐厅，却将颇具北京特色的卤煮、炒肝、爆肚、炸酱面和糖油饼等作为餐厅的招牌美食，不仅将胡同巷尾的京城美味融入大雅之堂，而且加以创新，让客人们在国际酒店内便可感受到高质量的北京特色美食。

三五堂始终秉承“有温度”的服务理念。事事从客人的角度出发，用贴心的服务和创新的精神，让客人在三五堂感受到家一般的温馨与舒适，让世界看到“中国服务”的理念精神。

三五堂

在传承中点亮创新

践行“中国服务”，做中国餐饮行业的领跑者。位于新国贸饭店的三五堂虽然是国际星级酒店标准的全日制餐厅，却与传统酒店的高端海鲜自助餐和日料餐饮不同，将颇具北京特色的卤煮、炒肝、爆肚、酱肘子、炸酱面和门钉肉饼等美食作为特色，不仅把经典的京味融入大雅之堂，并且通过改革和创新，让客人们在国际酒店内便可感受到高品质的北京特色美食。

三五堂是新国贸饭店的全日制自助餐厅，隶属于中国国际贸易中心，位于北京中央商务区的核心区域。也正是因为身处于这个极具国际化视野的独特位置，使三五堂在开业初期便立志成为一家传播中国文化的酒店自助餐厅。早在餐厅开业之前，新国贸饭店的管理团队就对酒店周围的各式餐厅进行了细致地考察。面对来自同商圈内国贸商城、嘉里中心、财富中心等多家大型综合商业体中数百家特色餐饮品牌的竞争压力，酒店领导决定另辟蹊径。

经多次与国贸中心领导和香格里拉酒店管理层沟通，三五堂便从原来定位的时尚潮流餐厅转为凸显差异化的特色餐厅，最终决定以老北京特色美食作为三五堂的主打风味，在北京中央商务区打造独具特色的北京味道，同时推出“三五好友汇聚一堂，共品特色传统美食”的概念。

为打造三五堂独特的餐饮文化，三五堂将目光聚焦在产品创新、弘扬文化、数字营销和特色服务四个方面。

一、尊重北京地道美食，品味新式创新京味

（一）打造酒店里的老北京，提供高质量的北京特色小吃。

三五堂致力打造的“酒店里的老北京”，将打卤面、炸酱面、红烧猪蹄、麻酱糖饼、奶油炸糕、门钉肉饼、老北京瓷瓶酸奶等北京传统小吃和地道美食引入大雅之堂。同时，三五堂加以变革和创新，让这些民间小吃不仅保留原始的味道，符合老北京人的口味，还推陈出新，做出了让年轻人更易接受的特色美食。

以三五堂的招牌煎饼为例，为了让客人能吃到地道、传统的煎饼，酒店的行政副总厨高宁不仅到访煎饼的故乡山东淄博，探寻煎饼的正宗做法，还亲自前往北京街头巷尾的煎饼摊，综合民间口味研发出更容易被大众所接受的酱料。高宁还结合她丰富的西餐经

验，最终打造出独一无二的金枪鱼鲜虾煎饼，一举成为三五堂响当当的招牌小吃。

在传统煎饼的基础上，三五堂还推出了京川结合的夫妻肺片煎饼，中西合璧的鹅肝松露煎饼以及来自青藏高原的牦牛肉风味煎饼。三五堂用小小的煎饼包罗万象，不断为食客带来形式创新、口味地道的美食体验。

然而三五堂并不止步于此。除了引经据典，创新也是必不可少的一部分。说到这里，就不得不提三五堂的另一款招牌美食——红烧猪蹄。虽然一年四季的猪蹄在外观上并没有什么不同，但细细品味，便能知道其中的奥秘，而这秘诀就在这酱汁的调配。在制作这款红烧猪蹄时，三五堂的大厨们先用料酒澥开黄酱，唤醒酱香、降低腥味，然后会根据一年四季的不同时令更换辅料，比如春天的杏干、夏天的薄荷和金银花、秋天的山楂果、冬天的桂圆肉。这些锦上添花的食材或助消化或补元气，平添了食补的元素，令一道看似普通的红烧猪蹄，既吃得出时令变化，又将中国文化蕴涵其中。

除此之外，三五堂还非常重视营养的均衡搭配和原材料的品质。一进餐厅便可发现门口设立的水培植物系统，客人可以近距离观察蔬菜的种植过程，餐厅厨师还会每日采摘这些水培蔬菜用于沙拉等菜品的制作中，让客人随处感受从种植地到餐桌的鲜美。

同时，三五堂餐厅不断更新多样的自助食品，选取新鲜的食材，制定严格的卫生制度，打造优雅的就餐环境，开展特色食品的创新。在菜品的呈现形式上，摒弃了传统自助餐的大锅加热的方式，采取小锅小炒，令食客常吃常新。通过开放式厨房的设计，搭建了厨师近距离与食客沟通的平台，打破传统自助餐制作方式，面对面地及时了解食客之所需，并据此定制针对不同客人的美味佳肴。

（二）中西结合，创新本土特色。

针对国际酒店中的全日制餐厅，三五堂还善于融合西式食材和做法，在尊重本地饮食文化的基础上加以创新，使老北京美食更具国际化，受国际友人和年轻一代人的追捧。

以三五堂备受欢迎的门钉肉饼为例，厨师团队在制作馅料时不仅使用了传统的葱、姜、蒜，还使用猪里脊、百里香和红葡萄酒一同腌制，最后再与猪肉馅料搅拌融合，细细品味，还能感受淡淡一丝红酒的醇香。三五堂另一招牌小吃——奶油炸糕也大有学问，众所周知，市面上的奶油炸糕通常都是蘸着白糖食用，但在三五堂，大厨们将西式面包常用的糖霜淋在表面，让奶油炸糕的口感更加细腻。大厨们在手工制作桂花豆馅炸糕时，在红豆沙馅料里加入了巧克力，中和了红豆沙的甜味，淡淡的巧克力醇香和丝丝的可可苦味，让豆馅更具层次，搭配酥脆的外皮，每一口都别有芬芳。在制作三五堂的另一招牌美食糖油饼过程中，大厨们没有用一滴水，而是用位于酒店一层鲜啤吧的招牌精酿啤酒和面，再利用啤酒花和少量泡打粉共同发酵，使糖油饼时刻保持酥脆口感，打造出这款看似纯中式实则创新的街头美食。

除此之外，三五堂的爆肚也在原有工艺和配料上加以创新和研究。由于爆肚和麻酱本身都偏酸性，为了中和酸碱度，大厨们特意用蔬菜水烫煮爆肚，再用西餐中常用的香草、鲜柠檬肉、柠檬汁、辣椒、洋葱、法国白葡萄酒醋等食材共同调制酱汁，无形中助力健康饮食，达到酸碱平衡。

三五堂的中西创新还用在甜品上，作为北京饮品代表之一的豆汁，很多外来宾客并不敢轻易尝试，所以三五堂的大厨们就在豆汁中添加了香草冰激凌，以豆汁奶昔的方式亮相，让首次品尝豆汁的宾客更易接受。同时，三五堂还特意用奶油卷代替焦圈以搭配豆汁，吸引更多年轻人品尝传统美味。

虽然弘扬本地美食、接轨国际餐饮是三五堂努力的方向，但三五堂并没有为了一味地追求国际化，而放弃了本土风味，而是乘风破浪、逆风前行，一手抓传承，一手兼创新，不仅尊重菜品的原汁原味，更与时俱进，让年轻人和外来宾客能更好地接受并爱上北京特色美食。

二、提高餐厅软实力，处处弘扬中国文化

（一） 打造中华美食文化的传播平台。

作为北京中央商务区中的自助餐厅，除了为客人提供物超所值的用餐体验，三五堂还致力于成为一个中华文化的传播平台，提高自身软实力。

在三五堂，随处可见的摆件都展示着浓郁的京味气息，明档处的黑板画精雕细琢，一个个惟妙惟肖的市井人物呈现在大家面

前，有“吃水不忘挖井人”之回忆篇，也有“牵牛郎耕耘”之劳作篇，还有“扇着蒲扇的北京大爷”之市井篇，不仅让老北京的食客回忆起曾经的青葱岁月，也让新时代的年轻人仿佛看到了老一辈辛勤劳作的背影和休闲的茶言乐道。三五堂的每一幅画作都是由员工亲手绘制，每一个人物的勾勒，每一个场景的描绘都展示了匠人精神，讲述了北京的市井文化，拉近了餐厅与客人之间的距离。

每到传统佳节，三五堂的厨师们都会准备时令美食。特别是每年的春节，三五堂在餐厅中打造出京味庙会，推出各色庙会美食：有三米长的超大驴打滚和切糕，还有茶汤、糖葫芦等庙会必吃美食。三五堂还将室内贴满福字，挂上灯笼，餐桌上随处可见兔爷、财神爷等年味十足的摆件。极高的还原度，让本地食客怀旧打卡，外地旅客惊喜连连，庙会也成了三五堂每年春节的固定经典活动。

（二）融合各地美食文化，让产品受益，也让同行受益。

除了老北京小吃，三五堂还致力于让食客品尝不同区域的地道美味，令中外宾客时刻都能感受中华的饮食魅力。

2018年起，三五堂餐饮团队便挖掘出很多大隐于市的特色风味餐厅，比如与隐匿在北京鼓楼的云南餐厅——哈尼个旧合作。这家餐厅靠原汁原味的云南风味和食客的口口相传，吸引了众多美食爱好者。虽然哈尼个旧餐厅在鼓楼一带小有名气，但在整个北京城却还是不为人知的一家滇式菜馆。正是因为肩负传承中华饮食文化的责任，三五堂便发挥自身平台优势，将哈尼个旧餐厅请到堂上，打造为期两周的云南美食节，希望这些隐匿在都市中的宝藏餐厅可以借着三五堂的“肩膀”让更多人知晓，也让行走在国贸区域的国内外友人，足不出户便可在三五堂品尝到中国各地的美食风味，进一步推广中华饮食文化。

三五堂作为一家商旅酒店中的餐厅，店内的外宾和游客络绎不绝，为了让客人更能全面地感受北京小吃的魅力，三五堂在2019年携手北京享誉盛名的老字号护国寺小吃、老爆肚满、姚记炒肝为食客们带来北京美食节。除了招牌的炸酱面、麻酱糖饼、奶油炸糕、门钉肉饼外，三五堂还上新了老爆肚满的三款京味爆肚、护国寺小吃的羊杂汤和炸卷果、姚记炒肝店的炒肝，让客人自由畅享传统京味。

2021年，三五堂携陕西著名老字号西安饭庄、老孙家、同盛祥、德发长等餐饮名店举办“千年陕菜，美食之源”为主题的陕西美食节，将十余款令人垂涎欲滴的经典美味呈现在三五堂，包括麻酱凉皮、羊肉泡馍、肉夹馍等。三五堂还邀请了陕西腰鼓表演队现场表演，让客人不仅从味觉上感受美食魅力，还能在视觉上乐在其中。除此之外，三五堂还举办过贵州美食节、南洋美食节，以及与九十九顶毡房合作的蒙古美食节、与林依轮先生合作的饭爷美食节等。三五堂针对每一届美食节推出专属餐品，让客人实时尝鲜。不仅让客人受益，也让三五堂与合作方实现双赢。合作结束后，三五堂还会取其精华，保留经典，听取食客建议，不仅推出了三五堂自己的爆肚、炒肝，还不定期带来驴打滚、烤全羊、时令凉面等，不断丰富自身，开花散叶。

当然，食客们也非常喜欢这里的美景和环境，客人们随手拿起手机拍照已经是三五堂的另一道风景了。有的拍窗外中央商务区的繁华匆忙，有的拍堂上传统美食的琳琅满目，有的拍盘中自己挑选的精致佳肴，有的拍餐厅的创意装饰和简约大气敞亮的现代风格，还有的拍酒店员工亲手绘制的黑板画和水粉画。镜头中的每一幅画面都令人耳目一新。从客人们喜笑颜开的脸上就能读出来，他们真心地喜欢三五堂美味与传统文化的和谐搭配，喜欢这里的一切。

三、与时俱进，善用数字营销新模式

随着时代的发展，消费者逐步由线下消费转化为线上消费，或线上“种草”、线下体验的模式。为了迎合当代人群的消费习惯，三五堂利用大众点评、阿里口碑、酒店自营微信商城等线上销售渠道发布销售产品，并在小红书、抖音、微信公众号等社交平台发布种草贴，分享网红达人和消费者的用餐体验。

同时，三五堂不断优化线上渠道的餐厅展示形象，借节日庆典和网络热点为消费者“种草”。三五堂每周都会邀请近十位美食达人到店体验，用年轻人容易接收的拍照打卡形式，通过大众点评、小红书等社交媒体平台为潜在消费者“种草”。每逢节假日，三五堂还专为亲友相聚、亲子家庭设立特别套餐优惠，并在大众点评和口碑等线上销售平台大力推广，将“种草”加速转化为“拔草”。

当然，三五堂还利用社交平台的灵活性，搜罗大众的实时评论，掌握消费者对菜品的喜好和建议，积极调整和改善，让三五堂的菜品持续保持高品质和高稳定性。三五堂也会利用社交平台的推广性，邀请本地达人到店体验新菜品，分享用餐体验，“种草”推荐，吸引客人到店。同时，三五堂也会在微信公众号等平台不断推广促销信息，宣传餐厅文化，增加餐厅和消费者之间的黏性，让消费者随时看到三五堂的变化。

在疫情的影响下，三五堂也随机应变改变策略，利用外卖平台和全城送服务，让不能到店堂食的消费者依然能随时随地品尝三五堂经典美味。三五堂还会根据不同节气在美团、饿了么等外卖平台推广时令菜品，如立春的春饼、清明的青团、小年的五鲜饺子等，通过传统的节气食品让客人切身体验三五堂是一家有“温度”的餐厅，也让更多新客通过节气菜品认识到三五堂。

四、秉承中国特色服务，真正让宾客如归

三五堂自开业以来，一直鼓励员工尊重消费者、走近消费者、了解消费者、服务消费者，做一个兼“温度服务”和“北京精神”同存的餐厅。

三五堂餐厅为了让客人们感受到宾至如归的餐饮服务，厨师们会主动走近客人，了解客人的需求，定制美味，甚至会为某些客人“开小灶”。厨师们通过一句“吃好了吗您？”“饭菜还可口

吗？”，去拉近双方彼此距离，让客人感受到被重视和尊重。

面档处的万师傅曾看到了一位先生锁紧眉头，便上前询问他想吃点什么。这位先生说他是山西人，就想吃点山西特色。听到这里，万师傅立即给他做了一份地道的山西面食，让这位先生赞不绝口。此后，这位先生成了三五堂的常客，每次来用餐，厨师给他“开个小灶”。像这样的例子，不胜枚举。

三五堂不仅强调服务要有温度，而且要求无论是炎热的夏季还是寒冷的冬季，三五堂的菜品始终保持应该有的温度。冬季菜品很容易变凉，为了保证食品的适宜温度，厨房不仅增添了一些加热设备，而且厨师长还要求厨师要做到勤炒、常换。在保证用餐品质和提高服务水平的同时，三五堂所有食品在开餐前均使用保鲜膜覆盖，使菜品新鲜卫生。在保证服务质量和用餐品质的同时，让食客们放心。

在2020年疫情蔓延的日子里，三五堂餐厅更是独树一帜，从周一至周五每天推出不同风味的盒饭，而且精心搭配。三五堂还将餐厅内具有标识性的黑板画印刷成精致宣传画粘贴在盒饭的饭盒上，上面印有二维码，客人在买盒饭的同时，只要扫一下二维码就能知道未来几天的盒饭都是什么样的美味佳肴。这一做法不仅方便了客人预订，而且还为三五堂做了积极的广告宣传，独具特色的服务让三五堂的盒饭收入有了明显的大幅提升。

三五堂时刻心系自己的社会责任，通过美食温暖更多的宾客。三五堂曾携手林依轮先生自创品牌“饭爷”，共同合作打造为期两周的饭爷美食节。美食节期间，三五堂邀请了“星光益彩自闭症艺术疗育”共同参与公益项目，在公共区域展示自闭症儿童的画作并公开售卖。三五堂邀请了自闭症儿童参与相关活动，品尝饭爷美食节的菜品。美食节期间，三五堂和林依轮先生联合推出“爷有名堂”限量礼包，并将部分收益用于支持“星光益彩自闭症艺术疗育”公益项目，真正实现了美食、明星、公益三方的有效联动，让这份美食所带来的愉悦变成真正的爱，给到更多需要帮助的人们。

与传统酒店中的餐厅不同，三五堂更像是家一般轻松愉快的聚餐场所。几年来，三五堂餐厅用关心、贴心和细心的亲情式服务为客人们创造着邻里间的舒适氛围，让每一位来堂上做客的人们都能感受到老朋友般的亲切和温暖。有很多客人反馈，在这里吃饭如同回家一般，吃过了各种美食，还是觉得在这吃得开心、放心，更舒心。

三五堂经常开展员工和回头客试吃活动，对每一道佳肴进行评估和改进，从而烹饪出令食客交口称赞的美食。三五堂绝不是简简单单的厨师烹制什么客人就跟着吃什么，而是根据客人的口味和喜好不断精进菜品。这种做法既把控了食品的质量，也让食客们吃到了自己喜爱的美食。

作为一家“网红”餐厅，三五堂并不是昙花一现，而是脚踏实地一步一个脚印地夯实基础。自2017年开业以来，三五堂屡次登上大众点评朝阳区自助餐热搜榜榜首，也荣获携程美食林臻选、Time Out餐厅大赏年度酒店自助餐厅、酒店风尚榜年度亚洲料理餐厅等几十项大奖。中央电视台、法国路透社、北京电视台、日本烹饪杂志和中国日报等上百家国内外多家媒体争相报道。

三五堂本着“人无我有，人有我精，人精我变，人变我新”的指导精神，在国际化的北京传承百年味道，品味经典创新，让街边小吃和传统美食步入高档酒店的大雅之堂，三五堂也成为让世界看到“中国服务”理念精神的窗口。这里是北京，这里是国贸，这里是新国贸饭店。三五堂，一家您身边有温度的餐厅。

欢迎您，三五好友，堂上来聚！

开篇语：

位于“上海之根”——松江，地平线下88米处的上海佘山世茂洲际酒店获得多项设计专利，世茂洲际酒店作为全球瞩目之焦点，为旅行者们带来商务、休闲及探险旅行的奢华体验。

上海佘山世茂洲际酒店的建筑是一项极具创新的设计之作。从2006年起进行建造，这个新奇的酒店遵循自然环境，充分利用深坑岩壁的曲面造型悬挂并建造在深坑岩壁之上，主体由地表以上2层及地表以下88米的15层构成，令世界叹为观止。

上海佘山世茂洲际酒店秉持一贯的“深入洞悉”服务理念，乐于与您分享更多的本地资讯，令您尊享洲际人生的同时，体验知行上海的精彩。

上海佘山世茂洲际酒店

探索-88米的秘境奇迹建筑

上海佘山世茂洲际酒店（世茂深坑洲际酒店）是一座由世茂集团投资建设，于采石坑内建成的自然生态酒店。一反向天空发展的建筑理念，此酒店下探地表88米，依附深坑崖壁而建，被美国国家地理誉为“世界建筑奇迹”。世茂以“城市治愈自然”为理念，将自然伤痕变为瑰宝。

世茂深坑洲际酒店的理念及设计方案曝光后，吸引了大批国内外专家的关注，这个建筑难题涉及地下空间的运用，地质考查和研究论证,建成后的使用管理等问题。因为没有任何先例可查，要想在科学论证的保障下,在一个废石坑内建成酒店绝非易事。

正如植物的生存需要阳光、水和空气，稳定的地质条件、可操作的场地环境以及安全性保障等基本要素也是每一个建筑不得不面对的问题，对于世茂深坑洲际酒店来说，这些问题都似乎指向了“不可能”“不满足”“不现实”。

为此，整个项目的施工团队，用了将近7年的时间反复论证施工安全问题，也在随后5年的施工周期中，不断探索新的施工方式。

一、以“场地记忆”为设计基础

场地如同人类一般拥有脉动的生命与记忆，连接特定的情感与思考。

世茂深坑洲际酒店尊重场地记忆，不仅是尊重原有的自然记忆和人文记忆，更重要的是尊重深坑的意境记忆——山水灵韵。

（一）尊重自然记忆：保留原有野趣，尊重自然生态。

如果说世茂深坑洲际酒店的曲线是对崖壁空间生长的尊重，那么保留200余株野生树木、植被，则是对深坑野趣的尊重。

岩石以自然之力，无声勾勒着时间的形状。爆破后留下的碎石并没有被遗弃，或是静依于水底看波光水色，或是散落于道路以待来客，或是分布于水沟中以另一种姿态记录时光。

（二）尊重人文记忆：传承深坑故事，保留文化印记。

世茂深坑洲际酒店保留了原有的采石栈道和鸽子洞等遗迹。在这里，入住者可以拂去时间的尘土，踏上采石栈道，偶遇鸽影划过天空，沿着先辈的足迹，窥看人类对城市与自然的关系。

采石栈道立于建筑楼体左侧的原始崖壁之上，栈道呈Z字形，沿坑顶向坑内建造。从采矿工人到建筑工人，300级台阶见证了两代人沿山而下的故事。世茂对原有栈道进行了保留和修缮，使之成为深坑人文印记的一部分。

崖壁上的鸽子洞是深坑原有的旧貌之一，常有鸽子在此翱翔栖息，世茂深坑洲际酒店特意将其保存了下来。如今，鸽子洞既是酒店自然景观的重要组成部分，也是酒店人文保护的印记之一。

（三）尊重意境记忆：从文化中来，融意境中去。

酒店结合天马山的独特山水，提取诗画元素，不仿形而仿韵，不造皮毛而造筋骨，为人们打造山水意境之美。

远景强调山水格局，表达自然之力的雄伟跌宕。

中景则取自自然山水画中的山间植物，从崖上树木过渡到崖底水面，以阔叶、灌木、蕨类的垂变，突显植被的层次感和色调的参差感。

近景源自山间松树的概念，打造“松石听瀑”的意境，苍劲挺拔的山间迎客松，广纳四方宾客。松植于山后，既保留山的肌理，又凸显了松的姿态，配合崖壁瀑布，意境超然。

二、以“矿·意美学”为设计理念

深坑在佘山风景区脚下，坑内悬崖峭壁上绿植丛生，并有瀑布从峭壁上流入水面。人类与自然的关系成为酒店设计的灵感来源,力求将酒店设计与建筑、自然环境完美地结合起来。

世茂深坑洲际酒店建造于曾经的采矿坑中，为了与周围自然环境相融合，酒店室内采取“矿·意美学”的理念进行设计，将原生粗犷的岩石崖壁与缥缈雅致的山水自然相结合，打造出专属于世茂深坑洲际酒店的意境文化。

（一）设计故事：地心奇遇

结合深坑的地理特点，深坑内的景色多样、岩层变化特点及奇观体验的需求，酒店为深坑排布了一个专属且独特的设计故事“地心奇遇”。

从地面向地心深处直入，至水底深处，大堂、客房、酒吧、水下套房、水下餐厅……都与故事紧紧相扣，仿佛深入矿洞开启探险奇遇。

（二）大堂：地心撷珍

大堂以“地心撷珍”为设计主题，从灰色外层岩石深入挖掘探索，直达岩层最核心地带。立面重现矿坑岩层的自然风貌，凹凸起伏，错峰层叠。

大堂使用天然的灰色石材，让室内的整体色调与深坑内部的岩石色彩更为接近。大堂中央设有数码水帘，能呈现出多种图像，与户外的自然崖壁、远方的流水瀑布呼应，带给入住者惊喜与期待。

（三）客房：矿洞奇遇

酒店沿岩壁修建，每一层的房型开间及结构条件都不一样，给户型设计带来了很大挑战。在整合归纳了各楼层户型条件及特点后，酒店归纳出三大类户型平面布置；再结合地质岩层的颜色变化，根据含铁、赤铁矿、碳酸钙的石头颜色，设计出了红、蓝、灰蓝三种客房内饰设计。

客房风格则采取英伦工业风的设计元素。复古工业灯、铆钉、哑光金属、复古行李箱……所有的设计都非常注重细节，在展示工业风格的同时，亦保证了居住舒适度。

（四）家庭套房：悬浮济舟

坐一叶扁舟游于熔岩深处，漂浮于溶洞内——这句话可作为家庭套房体验感的最佳写照。家庭套房是复式户型，造型宛若游艇，入口与客厅在B15层，仿佛在船舱底部，推门进入，即被眼前畅游的鱼儿围绕；通过楼梯上到B14层，即是卧室和儿童游戏空间。

（五）总统套房：谍影寻踪

总统套房以电影007为设计主题，仿佛掩藏在深坑中的秘密基地，拥有270度视角，与坑边悬崖咫尺之遥。使用大面积玻璃幕墙，一面是峻石嶙峋的悬崖，一面是明亮舒适、充满智慧技术的起居空间。

总统套房整体色调以黑金搭配为主，墙面巧妙运用纹理金属板、灰橡木和玻璃，地面使用黑色大理石，睡眠区则选用了温馨的木地板，搭配富有质感的软装。软硬对比、刚柔并济。

（六）蜜月套房：梦遇秘境

蜜月套房在B15层，被水底世界围绕。玻璃镜面的反射，让水纹倒影映满整个套房，犹如与鱼群一起悠游水中，在波光粼粼的水下享受浪漫二人世界，感受梦幻神秘的氛围。

（七）赤酒吧：筑火耀岩

酒吧位于酒店的B14层，介于坑底与水面之间，就像地心的熔岩层，火红的岩浆散发着炽热的气息。酒吧内部光影结合，让人联想到深坑崖壁内的岩石以及昏暗光线下的矿坑。粗硬的钢结构水管、红色水晶立面、红色皮革、定制木桶酒架……这些元素使酒吧的矿洞工业风愈发浓郁。

（八）渔火餐厅：水中秘境

渔火餐厅是位于酒店B15层的水下餐厅。餐厅设计灵感来自流水侵蚀而成的晶石洞，映射出和空间环境的关联。在这样一个浪漫的水下秘境中，观望着水里的鱼群，点着蜡烛，客人可以一边享受美食，一边感受蕴藏在此的各种乐趣。

（九）艺术：深坑意境

酒店共有艺术品及艺术装置1400余件，其中位于酒店入口处的“卷云舒”，是整个酒店最具有代表性的艺术雕塑。

“卷云舒”名字取自明代陈维儒创作的《小窗幽记》中的“宠辱不惊，看庭前花开花落；去留无意，望天上云卷云舒”。龙形的雕塑造型则来源于明崇祯年间的《松江府志》：“吾邑之水，上源天日，下委海王。”

雕塑作品将龙的形态作为基础动势，由两个部分组成，一部分为实体不锈钢，另一部分为镂空不锈钢。雕塑初看如祥龙腾出水面，细品则会感受如诗如画的灵动意象。

三、精准的市场定位

（一）深耕本地市场

作为新晋的地标性酒店，深坑酒店吸引了全上海的周末度假市场，酒店位于佘山度假区内，老牌城市度假目的地加上深坑酒店的地理位置，导致酒店休闲散客占比较大。

周边的度假资源也比较丰富，一步之遥的深坑秘境有2022年新落成的摩天轮适合时尚年轻人，蓝精灵乐园适合幼龄儿童，还有即将开园的深坑海洋水世界都是夏天非常好的一个消暑选择。再加上整体酒店处于佘山度假区内，两天一夜是相对保守的游玩时间。

目前酒店内部的儿童乐园也做了全面的升级，更加适合酒店家庭客群，各种各样量身定制的儿童活动丰富了入住期间的亲子体验。另外今年酒店还引进了露营活动，无论是大朋友或者小朋友都可以来一场“过家家”。在酒店的地心平台，会布置专业的露营营地，同时提供下午茶和简餐，让酒店的客人即使身在城市，也可以尽情享受大自然，呼吸自由的空气。酒店地处松江腹地深处，由于周边没有高楼大厦和其他建筑物的光污染，所以可以比较好地观赏天空中的繁星，非常适合带小朋友的家庭参与。

（二）做讲故事的酒店

深坑酒店自从建造伊始就是大众所关注的对象，大众对于整个建造过程以及最终呈现出来的反向建筑形式，都深深地打上了一个问号，每一个入住酒店的客人都是带着好奇心和探索心来入住的。

酒店方希望打造的不单单是刚入住时候的一声惊讶,而是希望客人能够在整个入住期间，体会到12年来的建造历程，身临其境般体验这“化城市的伤疤为瑰宝”的神奇。

酒店方在员工入职时会安排特有的故事讲解、酒店小故事和深坑十大打卡点培训，对这神奇建筑的故事都如数家珍，将每一位员工打造成“讲解员”，将故事分享给我们的每一位“探秘者”。

开篇语：

1999年，苏志刚先生设计出“白天看动物，晚上看马戏，住宿在动物主题酒店”的旅游线路。长隆集团33年发展至今，拥有广州长隆度假区、珠海横琴长隆度假区，以文化旅游为主营业务，综合了主题公园、文化演艺、科普教育、休闲度假、餐饮酒店等完善的配套，产品结构丰富、主题特色鲜明，已成为国内领先、国际知名的大型综合一站式主题旅游度假区。凭借25年主题公园积累先发优势，长隆品牌立体营销传播体系日趋成熟，多点开花精准覆盖，现已形成了长隆独具特色的娱乐营销体系，并卓有成效初步打造出一套长隆IP体系，尤其是内容IP体系成为营销新引擎。未来，长隆不仅要打造“中国的长隆”，更以世界的眼光谋求自身高质量发展，以实现中华民族伟大复兴为己任，成为“世界的长隆”。

长隆度假区

创造快乐 传承幸福

一、创造快乐 传承幸福

1989年8月28日，苏志刚在广州番禺105国道旁创办了长隆集团旗下第一家企业，一个名叫香江酒家的大排档，凭借出色的餐品和良好的口碑，香江酒家一时间成为广州食客品尝正宗番禺美食之必选。正当餐饮做得顺风顺水时，苏志刚却突发奇想，要做一家世界水平的野生动物园，进入旅游行业。那个时代的动物园都是国营的，政府给补贴，哪有私人做动物园的？朋友家人都反对。苏志刚是异想天开吗？当然不是，他看到的是中国经济发展背后旅游需求的升温。想法一定，他便踏出国门，四处走访世界知名的动物园，参观学习，探讨合作。千难万难，抵不过一念之坚。1997年12月26日，香江野生动物世界正式开业，次年春节便创下了日接待游客8万人的记录。2000年，苏志刚亲自策划的长隆国际大马戏正式迎客。来自20多个国家的300多名马戏精英同台献艺，节目一经上演便一炮走红。“白天看动物、晚上看马戏、住宿在动物主题酒店”，这一经典旅游线路至此而成。

33年来，长隆在改革开放大潮中生根发芽，发展成了集主题公园、度假酒店、文化演艺、商务会展、餐饮休闲于一体的文化旅游集团，成为广州乃至全国的一张旅游名片。

长隆一直以缔造幸福快乐为使命，积极进取，不断创新。作为中国旅游行业龙头，长隆集团已建成并开放两大旅游度假区，即广州长隆度假区和珠海横琴长隆度假区。长隆集团第三个度假区——清远长隆度假区正在建设，定位为森林主题综合体，将形成一个“大自然、大生态、大种群、大乐园”的超级旅游目的地。目前，长隆集团年接待游客量突破4000万人次，累获多项世界殊荣，已跻身全球主题公园集团前六甲。

二、打造世界级民族文化旅游品牌

广州长隆度假区是中国首批国家5A级旅游景区，拥有五大主题乐园及三大主题酒店，也是中国拥有主题公园数量最多，规格最高的综合性主题旅游度假区。2014年，广州长隆度假区作为亚洲唯一代表入围全球主题娱乐协会TEA的“全球最佳主题乐园鼓掌奖”前三甲。

长隆野生动物世界被誉为“中国最具国际水准的野生动物园”，是目前全球动物种群最多、最大的野生动物主题公园。公园以大规模野生动物种群放养和自驾车观赏为特色。公园有全球唯一存活的大熊猫三胞胎“萌萌、帅帅、酷酷”，繁育至第七代的澳洲以外最大考拉种群，还有众多国宝级动物，如黄猩猩、亚洲象、食蚁兽、倭河马等500种20000余只珍奇动物。

长隆欢乐世界位于广州长隆度假区的中心位置，是具备国际先进游乐设施和管理水平的超大型主题游乐园。长隆欢乐世界引进有全球领先的游乐设施70余套，其中包括有“全球过山车之王”之称的垂直过山车、创吉尼斯世界纪录的十环过山车、荣获行业设计金奖的摩托过山车、东半球唯一的U型滑板、超级大摆锤、大型特技表演、亚洲先进四维影院、原创时空探险项目《星际决战》、奇幻马戏主题欢乐小镇、万人超级演艺广场、欢乐世界嘉年华大巡游，集世界精彩游乐设施与大型演艺于一体。长隆欢乐世界曾经创下“单日接待游客超10万人”的主题公园纪录，被誉为“中国新一代游乐园的典范之作”。

长隆水上乐园位于广州长隆度假区内，自2013年开始，连续多年由全球主题娱乐协会TEA权威认证，全球水上乐园游客接待量排名第一。园区拥有众多世界金奖游乐设施，70多种玩水乐趣尽情挥洒。2018年，长隆水上乐园年度巨献“摇滚巨轮”，在国际上连续获得“世界水上协会前演奖”“IAAPA大铜铃颁奖仪式最佳新产品第一位”“IAAPA影响力大奖”“TEA游乐设备杰出成就奖”四项专业大奖，全新升级水上“星潮之夜”电音演艺，打造精彩的万人水上娱乐派对。

长隆国际大马戏拥有全世界最大的永久性马戏表演场馆，能容纳近7000名观众同时观看。长隆国际大马戏自创立以来，秉承“中国创意、全球采购、世界生产”的理念，以荟萃世界马戏集锦的方式，由来自20多个国家，横跨亚洲、欧洲、美洲、非洲共300余名马戏精英同台演绎。长隆国际大马戏凭借全球顶尖的舞台灯光与音响设施，国际化的舞美编排和演艺团队，从2000年上演至今，经久不衰，深受游客喜爱，创造了世界马戏表演艺术的奇迹，凝结了世界各国马戏演员一代又一代的创新与传承，是广州乃至中国的文化名片。

长隆酒店是长隆集团倾力打造的生态主题及会展酒店，总建筑面积达36万平方米，拥有融入不同生态主题的特色客房及套房1500间，毗邻长隆欢乐世界、长隆野生动物世界、长隆水上乐园及长隆国际大马戏等主题乐园。酒店拥有放养雪虎、鹤、鹦鹉等珍稀动物的动物岛。位于酒店的长隆国际会展中心，内设6000平方米无柱宴会大厅，以及39间可作不同用途的多功能会议厅。2018年4月，长隆酒店再度荣获TTG中国旅游大奖“中国最佳主题酒店”，这也是长隆酒店连续十年蝉联该奖项。2019年、2020年，长隆酒店连续两年荣获TTG中国旅游大奖的 “最佳家庭度假酒店”大奖。

长隆熊猫酒店，占地8万平方米，内设连廊，可直达长隆欢乐世界以及长隆国际大马戏。酒店设计以长隆熊猫三胞胎“萌萌、帅帅、酷酷”为原型的原创卡通片《熊猫三胞胎童话次元大冒险》为基础，还原卡通片中的童话王国。酒店每一楼层都为孩子们设计了互动体验装置，大堂内的茶壶火车、卡通雕塑拍照区、童趣廊、亲子课堂、儿童活动区及贵宾休息区等设施，能为亲子客群提供丰富的个性化服务。动物展区是酒店点睛之笔，宾客漫步雅致园林，能近距离观赏火烈鸟、节尾狐猴、黄嘴鹮鹳、鹦鹉、孔雀等多种珍禽异兽，感受大自然的神奇。长隆熊猫酒店2019年入选马蜂窝旅游网“旅行者之选”榜单，携程旅行网“最受欢迎亲子类酒店”，2020年荣获悠游网“第十一届中国最佳酒店大奖评选最佳亲子度假主题酒店”，环球旅游杂志“大中华地区年度亲子酒店奖”。

长隆香江酒店源于1989年开业的“香江酒家”，传承了长隆集团三十多年的经营理念和服务品质。酒店设计以“海上丝绸之路–岭南印象”作为主基调，大堂布局三庭两进，居中对称，柱身与木雕屏风相结合，典雅秀丽的满洲窗和长筒吊灯阵列相得益彰，赋予浓厚的岭南特色。333间客房分别以老虎、长颈鹿、大象的萌趣卡通形象为主题。为方便亲子家庭入住，更是贴心准备了“家庭房”，房内分为起居室与卧室两大区域，配备有独立的儿童睡床，给客人带来舒适温馨的奇妙体验。2020年，长隆香江酒店获最佳酒店评选委员会“最佳美食首选酒店”。2021年，香江中餐厅获第十届CHA中国酒店大奖“年度最佳餐厅”。

珠海横琴长隆度假区地处与澳门近在咫尺的横琴粤澳深度合作区，由长隆海洋王国、长隆海洋科学乐园、长隆横琴国际马戏城、长隆剧院、长隆横琴湾酒店、长隆海洋科学酒店、长隆企鹅酒店、长隆马戏酒店和长隆迎海酒店公寓组成，形成了集主题公园、度假酒店、文化演艺、商务会展、餐饮休闲于一体的超大型海洋主题旅游矩阵。

长隆海洋王国位于珠海横琴长隆度假区内，汇集珍稀海洋动物、新奇大型演艺、顶级游乐设施，是全球最大的海洋主题公园，已创造七项世界纪录，三度荣获全球主题娱乐协会TEA“杰出成就奖”，是中国首个获得这一业界“奥斯卡”级殊荣的主题公园，2014年开放至今已累计接待游客超过8000万人次。据全球主题娱乐协会TEA最新权威数据显示，长隆海洋王国年度游客接待量位列全球第八，中国第一。

长隆横琴国际马戏城位于珠海横琴长隆度假区内，毗邻富祥河，与长隆海洋王国、长隆马戏酒店相映成趣，营造出欧洲小镇的独特氛围。长隆横琴国际马戏城被喻为世界金奖马戏的大舞台。从2013年起，长隆连续多年承办中国国际马戏节。在这里，世界各大马戏赛事的金奖节目耀眼登场，精彩绝伦的马戏日日上演。

2019年，珠海长隆剧院盛大落成，长隆剧院总建筑面积7万平方米，提供6700个豪华观众席位，是珠海横琴长隆度假区最大型、最重要的国际顶级演艺剧场。

长隆横琴湾酒店，是集滨海度假、亲子游乐、商务会议为一身的海洋生态主题酒店，由国际知名设计公司WATG设计。酒店坐落于蜿蜒逶迤的海岸线上，正面临海，隔岸遥望澳门特别行政区，总建筑面积达30万平方米，拥有1888间宽敞豪华的客套房，犹如一座海洋城堡。设计师将海洋主题融入了酒店每一个角落，大堂入口处的吊灯，由八爪鱼演变而来，远看似是一顶顶皇冠；入口走廊两侧的花园喷水池，则是海象家族的休闲之地；大堂内的8只海豚立柱高达18米，是功能性与装饰性的完美结合与体现；大堂中央的琉璃艺术品“Harmony”，由著名的澳大利亚琉璃设计师Jane Bowie设计，灵感来自海底珊瑚。红艳的主体不仅象征着火一般旺盛的生命力，还是设计师对“海底之花”的赞美与热爱。而酒店外立面的数个塔尖，则象征着希望，在暗潮汹涌的海底，或静谧幽暗的海面，光的出现总是让人们在航行中充满了希望。酒店拥有国内首个酒店海豚池，每日开设海豚科普学堂，宾客可近距离观看海豚喂食，了解海洋精灵的生活习性。酒店拥有海滩花园和室内外水世界，设有刺激滑道、亲子水寨、按摩池、漂流河等多种丰富水上娱乐项目。长隆横琴湾酒店于2015年、2016年连续两年蝉联WTA“全球领先主题酒店”奖，2018–2019年连续两年蝉联TTG中国旅游大奖颁发的“中国最佳主题酒店”荣誉；2021年获得TTG中国旅游大奖颁发的“中国最佳家庭度假酒店”荣誉。

长隆企鹅酒店是以企鹅为主题的度假亲子酒店，占地面积18万平方米，各类主题客房多达2000间。大堂内13.8米高的巨型企鹅雕塑是酒店的重要标志。酒店外墙装饰以横线条为主，企鹅造型的塔楼、多彩极光色泽的墙身、波浪形的屋顶呼应极地海洋主题。最具特色的是酒店拥有难得一见的企鹅馆，客人可近距离观赏憨厚可爱的企鹅。此外，酒店还拥有多间风格鲜明的特色主题餐厅，两大户外休闲美食广场，琳琅满目的大型休闲商业区，以及丰富完善的亲子设施。长隆企鹅酒店获携程旅行网2018年度“最受欢迎酒店”荣誉，大众点评2019年“必住榜全国亲子必住酒店”荣誉，2020新旅行“年度精选亲子酒店”荣誉。

长隆马戏酒店位于珠海横琴长隆度假区中心位置，是一家具有马戏亲子特色的主题酒店。酒店以典型的欧洲小镇为蓝本，高低错落的屋顶、复古外墙、颜色跳跃的建筑体以及造型独特的钟塔，让人仿佛置身于充满异国风情的欧洲小镇。长隆马戏酒店客房数达730间，并以马戏为特色分不同主题，包括杂技房、魔术房、奇趣房、家庭房、城堡家庭房等不同房型，“技巧杂技”“动物展示”及“幽默艺术”三大马戏元素无处不在。长隆马戏酒店在2019年获携程酒店口碑榜“亲子类最受欢迎酒店”荣誉，2020年获得美团酒店评选的必住榜“景点乐园必住酒店”荣誉。

长隆海洋科学酒店位于珠海横琴长隆度假区，是集科普亲子与沉浸入住体验为一体的海洋主题酒店。酒店总建筑面积16万平方米，拥有1250间海洋特色主题客房，7大特色主题餐厅汇聚全球美食。酒店设计灵感来自海洋生物，以渊博浩瀚的海洋主题科普内容与奥妙奇趣的科技互动体验为特色，旨在为宾客提供集科普、研学、游玩于一体的旅住新体验，让来自四面八方的大小朋友们与大海对话，获取环保新知，共沐地球大爱。

2015年，清远长隆项目破土动工，将建成长隆集团第三个具备世界水准的旅游综合体，项目以“大自然、大生态、大种群、大文体、大旅游”为设计理念，结合山水走势，因地制宜、顺势兴造，将打造出一流的国际森林度假区和世界级森林综合体。

三、独具特色的娱乐和内容IP体系

近年来，长隆集团全面发力，推进文旅融合，加强品牌推广，产品架构日臻完善，形成了长隆度假区独具特色的娱乐和内容IP体系，并在品牌打造和服务更新上卓有成效。

（一）积极探索综艺先行，紧贴市场的路径。

通过《中国好声音》《爸爸去哪儿》《奔跑吧兄弟》《青春有你》，借力荧屏的广泛传播使得长隆品牌成为全国旅游行业的焦点。紧接着在影视合作方面抢占关注，如《功夫熊猫》《九层妖塔》《赤狐先生》，结合线下场景实现了产品深度开发和联合推广。

长隆结合园区特色开展跨界合作，先后与《王者荣耀》《我们的世界》《天空城》《明日之后》等人气网游合作，延伸受众影响边界。

融入音乐创建地标，有效发挥场地优势，主动贴合受众时尚需求，先后举办春浪音乐节、草莓音乐节和风暴电音节，积极打造华南区域音乐圣地。2021年夏天的“长隆水上电音节”通过创新玩水+电音的运营模式，特邀知名艺人歌手加盟，设置星空美妆站、星座打卡站、VIP互动体验区、星空幻彩按摩池等系列线下打卡点，进一步提升游客的旅游体验以及游玩品质。潮玩的同时水上乐园也在服务上进行创新。2022年夏季，长隆水上乐园创新“天气”售票模式，开启恶劣天气重游保障方案，让游客游玩全无后顾之忧。

（二）通过自造事件娱乐无限，自创欢乐“玩圣节”，引发行业关注。

2011年，长隆欢乐世界推出首届“长隆欢乐玩圣节”，创下“单日接待游客量达到10万人次”的中国主题公园单日入园全新纪录，火爆全国，年年举办至今。从“玩圣节”借势到塑造本土化IP，打破了本土“玩圣节”品牌营销的常规，建立起广州长隆欢乐“玩圣节”品牌的独有标识。“长隆欢乐玩圣节”现已成为中国文旅第一品牌的顶级流量节日IP，是全中国规模最大的“玩圣节”。2020年，长隆欢乐世界重磅打造两大演艺广场：超级演艺广场和中央演艺广场，每日定时巨献“超级电音派对”和“青春热舞音乐派对”，精彩呈现国际级别酷炫的电音特效和最新潮玩文化。

2013年，为进一步扩大世界马戏文化与中国的交流，搭建全球马戏文化交流平台，长隆提出在珠海创办中国国际马戏节的设想，得到了文化和旅游部、广东省人民政府、珠海市人民政府的批准和支持。中国国际马戏节以“中国特色、国际水准”为理念，坚持“门类齐全、技艺高难、崇尚创新、同类领先”的原则，已在珠海横琴长隆度假区内成功举办了6届，每届都吸引了大批国内外杂技、马戏业界专家、精英团队以及文化主管官员前来参与，在国际马戏界产生了巨大影响。

（三）积极探索体育旅游之路。

长隆相继举办了长隆篮球狂欢月、广东省三人篮球联赛总决赛等赛事活动，拓展“旅游+体育”的发展模式。各种人气篮球活动纷纷落地长隆，与国家文旅部门近年大力推动的“体育+旅游”创新可谓不谋而合。2021年1月，在广东省篮球协会的大力支持下，长隆集团三人篮球俱乐部正式成立，目标是打造亚洲一流俱乐部，并代表广东参加了10余场全国和省级赛事，取得诸如2021年西安全运会冠军等傲人佳绩。

（四）产品IP运营能力日渐成熟。

长隆集团与李宁YOUNG携手推出的长隆X李宁联名款系列服饰，将运动元素与潮流时尚完美结合。长隆×52TOYS的特别合作，以BEASTBOX为基础，将长隆的明星动物们以“机甲造型”呈现，创意满满！泰迪珍藏创意性地结合了长隆内多种动物的特点，衍生开发了动物系列的周边产品，如动物盲盒、创意水杯、毛绒公仔等。长隆借助布鲁可积木走进更多家庭，比如联合哈佛大学教授共同开发的十二生肖系列积木等，不断丰富长隆园区内各版块的儿童体验。

四、多项世界第一铸就“超级工程”

随着粤港澳大湾区和横琴粤澳深度合作区建设不断深化，澳门经济多元化发展正在稳步推进之中。日前，毗邻澳门的珠海横琴长隆度假区二期工程的核心项目——长隆海洋科学乐园已完成主体工程建设，并将成为全球最大的室内主题乐园，为助力粤澳合作开发横琴谱写新篇章。

从远处眺望长隆海洋科学乐园，整个建筑物仿佛一艘来自外太空的超级飞船，外观设计浑然一体，充满宏伟的气势和现代科技感。走入乐园内部，游客会感受到巨大空间带来的震撼。该建筑总长度约650米，总建筑面积40万平方米，共包括珊瑚秘境、海洋之歌、海洋大学堂等多个主题游览区，每天可接待超过5万名游客参观游览。

走进还在调试阶段的长隆海洋科学乐园珊瑚区，映入眼帘的是一个巨大的珊瑚缸，对面是与长隆海洋科学乐园一墙之隔的海洋科学酒店珊瑚餐厅。这个珊瑚缸里，饲养着100多种不同样色、形状的珊瑚，令人赏心悦目，仿佛置身神话中的“龙宫”一般。

为了实现物种保护、延续的目的，长隆海洋科学乐园建立了水深5米，水体量达3200立方米的珊瑚缸，这是目前世界上最大的活体珊瑚缸。在长隆海洋科学乐园这一超级工程的研发和建设过程中，中国、俄罗斯、美国、日本、德国、澳大利亚等国的几十位专家、院士团队深度参与了动物保育工程，其中仅活体珊瑚缸工程就与中国科学院南海海洋研究所、广东海洋大学深圳研究院等多个专业机构合作，开展珊瑚、砗磲资源库的科学研究，科普宣教和野化放归等生物多样性保护工作。

在长隆海洋科学乐园中，这样的“世界第一”远不止一个。世界最大的鱼类展览池、世界最大的亚克力玻璃观景窗、世界最大的活体珊瑚缸、世界最大的鲨鱼展示缸、世界最大的海洋生物维生系统……一个个世界之最，铸就世界上最大的室内主题乐园。

此外，千姿百态的动态雕塑配以声光电特效，游乐设施“深海潜艇”以及“百慕大历险”球幕动感平台影院……丰富的娱乐项目，将为游客提供身临其境的震撼游览效果。15个科普共享空间，包括一个最大的“海洋大学堂”，能同时容纳5000人观赏，运用多媒体技术实现寓教于乐的效果。

未来，长隆集团将以“世界眼光”和“敢为天下先”的高度和气魄，不断引领行业之先，积极布局和拓展市场，全力打造世界级民族文化旅游品牌，实现欢乐中国梦。

中国服务
CHINESE HOSPITALITY

"1+1"对话（二）

文化的节庆与节庆的文化
——华侨城文化旅游节实践

开篇语：

中国最大规模的旅游节庆是什么？答案是华侨城文化旅游节。这是一个联动五十多个城市，串联一百多个景区，涵盖数百项活动，辐射数千万游客的旅游盛事。可以说，一个节庆引爆一个全民性的消费浪潮。华侨城的旅游产品延伸到全国，覆盖的文化体现多元性，华侨城文化旅游节可以归纳为一个欢乐公式，即：高质量的旅游产品+多元化的文化节庆体验活动+最亲爱的人的陪伴=真正的欢乐。

主持人：

付磊，中国旅游协会休闲度假分会副会长、北京同和时代旅游规划设计院院长、全国休闲标准化技术委员会副秘书长

案例代表：

张树民，华侨城集团旅游研究院院长，旅游管理中心总经理，华侨城旅游投资管理集团有限公司董事、总裁

付磊：旅游行业与节庆息息相关，我每年都参加很多的节庆，因此总结出五个“一”的节庆套路：一个致辞、一个启动仪式、一个论坛、一个奖和一个秀，基本上是这五个活动组成了一个节庆的内容，这个节庆成为一个套路的形式，因为大部分节庆是没有内容的，所以形式非常重要。华侨城文化旅游节是中间首个单一企业主办，跨越时间最长、产品种类最多、参与地域最广的文旅节庆，这和平时意义上的节庆是完全不同的一种模式，它的独特性到底在什么地方呢？请您总结一下。

张树民：总结起来，华侨城文化旅游节和一般的节庆是有很大不同的。特点概括起来应该有三个方面：第一，华侨城文化旅游节是企业牵头举办、全国性多区域联动的一个节庆活动。大家都知道很多的世界性活动，像中国的那达慕大会、洛阳牡丹花会，德国慕尼黑的啤酒节等，都是以政府为主来组织。华侨城文化旅游节是华侨城集团来牵头主办，集团下面企业非常多，涵盖了多个业态和产业链，联动全国60个左右的城市，大约100至200家的景区，还有上千场的活动，这样的规模在中国还是少有的。第二，它把企业的经营活动和对社会的公益服务结合得比较好。文化旅游节已经举办了4届，每届都是从4月份开始一直延续到10月份，持续时间长，迎合着企业的经营节奏。我们组织的过程中，基本上都是按照每一类企业的经营节奏，再细分他们在节庆活动里的参与度。我们借节庆活动给游客和服务对象提供最优惠和最高品质的服务，2021年，华侨城推出四个优惠活动，其中一个就是提升服务质量。在2020年疫情期间，华侨城文化旅游节启动“感恩礼敬”行动，为全国的医务工作者提供免费旅游景区的“感恩礼”，还给其他重点参与防疫人群的相关优惠政策，这也是经营活动和公益活动相结合的节庆活动。第三，主客共享。华侨城有很多的业态，主题公园或者度假区基本上都是围绕核心城市、核心城市群或者大城市的周边，在这个过程中，我们一方面服务游客，推出很多打折优惠的产品，同时还做了一些内部整合营销的活动，例如在华侨城旅游度假区住酒店就会得到两张或者三张景区的免费门票，由于是在大城市和大城市周边，我们也注重对本地游客服务。我们也推出景区年卡，有利于他们到景区放松身心，还有非常优惠的夜间票，这是为周边提供的服务。

付磊：华侨城文化旅游节是由企业主办，这个机制非常特殊。1984年之前的奥运会基本上是政府主办，1984年洛杉矶奥运会的奥组委找了我们一个同行，这个人叫尤伯罗斯，他是美国头部旅游企业的老板，他把自己的旅游公司卖了1000多万，加上政府的补贴举办了1984年奥运会，而且还赚了两个多亿。一个企业把一个公共活动办好了，他发明了到目前为止现代奥运会的三大法宝——转播权、赞助商和特许经营。这就是一个企业可以通过市场化的方式完成一个社会化、政府性的事务。华侨城文旅节其实就是通过四年的探索，形成了一个比较成熟的企业主体、市场机制的一种节会的模式。这四年的努力是非常的值得与不易。各地的政府，包括2800多个县和300多个地级市，加在一起大概是3200的县市，几乎每个县市都有两至三个节庆，全国大数总共将近1万个节庆，如果地方政府或者国家把这样一个文化旅游节交给企业，请问嘉宾，您觉得是否可行，以及需要哪些条件？

张树民：又是一个非常精彩的话题，首先，我感觉是非常可行的。基于几点：第一是企业会有很多创新，企业有自己的特点，是一个经营性的组织，企业对品牌的敏锐度和对传播力的关注度都是有优势的。第二，企业是一个经济组织，在费用包干的情况下，企业会精打细算，把有限的经费用在最好的内容或者最广泛的传播力中。第三，企业有产品能力，会形成一个产业群或者上下游，在办会的时候节省不少精力，也会有很多的创新。所以交给企业办会，或者由企业牵头办会，这都是一个非常好的思路。华侨城在这方面有很多实践的案例，例如华侨城的世界之窗景区就曾经承办过全国第26届大运会的闭幕式，效果非常好。今年元宵节晚会的分会场在华侨城集团投资的项目自贡彩灯景区举办。华侨城承办了很多全国性的节庆活动，效果还不错，华侨城旅投集团也在为全国的很多的县市做节庆活动的服务，参与设计、执行等环节。总体来说，企业承办公共节会的条件，第一主要是看政府，在这件事情上，政府是授旗者，企业是接旗者或挥旗者，我感觉这非常考验政府决策力，如果政府相信企业的实力，企业应该是能办好的，实际上现在很多政府也是把某一项或者某几项活动委托给企业承办。第二是一定要有经验的企业，这个企业的实力和能力也是一个重要的条件。

付磊：这还是一个很新的模式，之前旅游行业To C和To B得多，但是向政府，即To G得较少。我们可以想象，疫情得到防控之后，各地的公共活动如文化节庆也会像雨后春笋一般地得到恢复，既然有华侨城这样的企业能够把文旅节办得有声有色，我们也呼吁各地的政府也可以把这些活动放心地委托给旅游企业来办。既然是“中国服务”的推介案例，强调服务的创新性，而且我们刚刚也听嘉宾介绍了华侨城文化旅游节是面向广大游客，服务毫无疑问是最核心的，服务不好，这个节庆不可能持续4年。所以，我想问一下，作为企业办这样的节会，华侨城在服务方面有哪些心得和绝招？

张树民：华侨城文化旅游节举办4届以来，我们积累了很多的经验，总结起来有这几方面：第一，华侨城的创新性。我们把华侨城文化旅游节作为华侨城促进文化旅游产业发展的一个重要抓手。在服务创新方面，我们每年花很大的工夫，主要是三个层面，一是总体方案设计，二是产品创新，三是服务创新，如北京欢乐谷的喷雾系统在夏季为大家降温，深圳欢乐谷电子排号系统节约排队时间。第二，是游客满意度，就是把文化旅游节做成一个产品或者服务的一次大检验。集团层面做了很多的努力，比如我们设置一些机制，每年在节庆期间派出多支队伍到各地去督查，采用的是明察和暗访的方式，有线上也有线下的测评，有内部也有外部的专家，每届文化旅游节举办期间，也是对企业的服务质量一次大检查和大检验。第三，是组织力，是内部的大比武也是大练兵，华侨城旗下的文化旅游企业非常多，分布在各个业态，在业态的联动过程中，我们建立严格的考核机制。除日常排名按月公布外，在文化旅游节期间，如果有产品创新或服务创新，企业将在年底颁发丰厚的奖励。所以，大家都是争先恐后争上游。还有我们在整个组织过程中也是多部门联动，由华侨城旅游管理中心牵头，相关文化部门企业管理部门和数字化部门等一起联动。总结起来，华侨城将节庆活动作为促进华侨城文化旅游每一年滚动向前走的一个主要抓手。

付磊：华侨城文化旅游节确实是把一个比较“虚”的节会办成了一个非常“实”的经营举措，而且把这个面子彻底放到里子里面，是真刀真枪的考核打分，这应该说是一个绝招吧。我也总结一下，节庆是一个仪式性的，中国永远不缺乏节庆，节庆是从最早的节气开始的，节气大概是在商周就有了，到了汉代就形成二十四节气，节气如果赋予了民俗文化内容，就会变成节日。我们现在大部分节日都是汉代就有的，比如元宵节、端午节和清明节。清明本来是节气，但是它被赋予了一些人文内容之后就变成清明节。到了唐代，对于节日又赋予了一些主题，就会成为节庆。比如常读的一句诗“春风得意马蹄疾，一日看遍长安花”，这首诗其实反映了唐朝的一个节庆活动，叫作曲江会，最早就是上巳节，每年的三月三，文人要洗澡、踏青。到了唐玄宗时期，三月初二是科举考试发榜的日子，唐玄宗安排在曲江大宴进士，演变成曲江会。这是从节气到节日，最后到节庆，就是一个文化和主题的植入。那么华侨城文化旅游节想传达的是怎样的一种文化和主题？请您解释一下。

张树民：总体来讲，华侨城文化旅游节传播三方面的文化：第一是产品文化。因为每届文化旅游节都是把欢乐作为贯穿始终的主题，我们的初衷是为游客带来美好和欢乐。另外，华侨城各个产品的主要形象就是欢乐形象，例如欢乐谷，还有结合乡村的主题公园叫欢乐田园，以及在顺德城市客厅打造欢乐海岸的品牌，现在又在深圳湾区开发欢乐港湾等项目。由此可见华侨城每年都把欢乐两字贯穿到每届文化旅游节的主题中去，把产品文化植入主题中，例如2019年的主题就是“欢乐在一起”；2020年由于疫情突发，主题略作改动，叫“美好如期，欢乐同行”；2021年略微延展，叫“缤纷欢乐游，就来华侨城”。第二是企业文化。华侨城的企业文化都是一贯的“优质生活创想家”，内涵很多，总结起来首先就是优质生活。所以华侨城文化旅游节里面，我们的产品服务和创新都是以“创想”为核心内涵围绕着“优质生活”展开的。除了评比，在文化旅游节的结束阶段，都会推出华侨城内部的创想奖，这是我们的企业文化。2021年在华侨城全体的不懈努力下，文化和旅游部也给我们授牌“全国首批文明旅游示范单位”。第三是在地文化。因为联动的区域很多，其中有60多个城市，又有很多的区域公司，举例来讲，2021年我们推出了一个传递产品主题活动，我们在华东区域公司就推出了城市度假季，这是结合了华东很多的产品业态，主要是以城市为主；我们在中部的区域公司推出了电音狂欢季；我们在云南的区域公司推出了康养休闲季；我们在北方的区域公司推出了国风艺术季；我们在华南的区域公司推出了美食潮玩季。我们充分挖掘了在地文化，例如在华南区域我们就推出了“潮好吃，潮好玩，潮好逛”一些主题活动。在北方的国风艺术季中分为“风、雅、颂”三个方面，展示了京津文化和中原文化。总结起来，文化主要分三类，以欢乐为主题的产品文化、优质生活创想家的企业文化以及结合各地特点的在地文化。

付磊：总结得非常清楚，大家比较熟悉，欢乐文化一直是华侨城坚持的内核，“优质生活创想家”的企业文化一直贯彻到现在。在地文化我是非常认同的，我们搞旅游不可能自己玩，要跟所在地的风土人情市场相结合，大家一起玩才能玩好，大家一起玩才能好玩。我相信这是华侨城文化旅游节在文化上传达的一个信息。大家比较关心的就是今年文化旅游节准备什么时间办？以及在这个特殊的情况下怎么办？请您回答一下。

张树民：谢谢。文化旅游节已经举办了四届，今年是第五届，在策划整体方案上，我们是很用心的。今年的文化旅游节其实在2021年底的时候就已经启动。尽管我们从去年开始就是一直在适应疫情的节奏，在这个过程中积累很多的经验，但是防疫的首要任务也是一直挂在我们的心头，所以去年我们根据防疫要求精心安排举办第四届。这么大规模的活动，涉及这么多的区域，这么多的企业联动，能够正常办活动，在现场没有一例疫情发生，我们在这方面下了很多的功夫。我们根据防疫要求做了及时的调整。总而言之，这个准备工作已经成熟，希望疫情能够早日结束，全国文旅产业能够恢复常态，我们文化旅游节也就会如期推出，也希望能够通过文化旅游节为全国的文旅产业提振，做出我们华侨城作为央企应有的贡献。

付磊：谢谢您的回答，我们也期待华侨城文化旅游节能够越办越好。华侨城是央企，像欢乐谷、欢乐海岸、欢乐港湾等一些新的业态都起了引领作用。文化旅游节在此获得推介，也希望各地在办节庆的时候能够充分借鉴，让节庆活动成为国民旅游和休闲的欢乐源泉，成为真正的聚会，我们也期待华侨城文化旅游节能够办成一个百年的节庆！

开篇语：

华侨城文化旅游节是国内首个由单一企业创办、跨越时间长、活动产品多、覆盖地域广的文化旅游节庆。这个节庆由华侨城旗下遍布全国的100余家文旅企业共同参与举办，在每年的夏、秋两季为全国游客带来丰富多彩的旅游活动和产品。自2018年首次举办以来，华侨城文化旅游节已累计推出超1500场高品质主题活动、3000多项惠民文化旅游产品，用实际行动践行着“为中国，造欢乐”的使命。经过4年的持续培育，华侨城文化旅游节已逐渐成长为全国性的大型品牌节庆活动，获得社会和业界的广泛关注与认可，也为大型旅游企业集团打造节庆活动摸索出了一条可行的道路。未来，华侨城文化旅游节将持续优化升级、发展壮大，坚持经济效益与社会效益相统一，为人民美好生活赋能。

华侨城文化旅游节

以旅游节庆赋能人民美好生活

“华侨城文化旅游节”是华侨城集团倾力打造的大型文化旅游节庆，由华侨城旗下遍布全国的100余家文旅企业共同参与举办，在每年的夏、秋两季为全国游客带来丰富多彩的旅游活动和产品。自2018年首次举办以来，华侨城文化旅游节已累计推出超1500场高品质主题活动、3000多项惠民文化旅游产品，用实际行动践行“为中国，造欢乐”的使命。

一、初衷、目的与影响力

2018年诞生的华侨城文化旅游节，现已成为“国民级”的大型节庆活动，获得社会和业界的广泛关注与认可。回望过去，彼时我们并未预想到，华侨城文化旅游节能在短短的4年中，飞速成长为中国节庆活动的行业标杆。而站在今时，回望这一路的创造与坚持，我们相信，这一切既是偶然，也是必然。

作为大型文化旅游集团，华侨城旗下拥有十分丰富的文旅资源，涵盖主题公园、自然名胜、文旅小镇、主题酒店、度假区、艺术场馆、旅游演艺等十余类核心业态。为发挥大型集团的规模优势，促进内部资源整合，充分展示华侨城在文化旅游产业领域的丰富资源、广泛布局和多元业态， 2018年第一届华侨城文化旅游节应运而生。

2018年，华侨城文化旅游节于10–11月举办，历时41天，策划推出了“百元通玩华侨城”花橙卡，整合华侨城旗下近50座城市的文旅项目，为消费者提供“一卡游遍全国”的创新文旅产品，获得了热烈的市场反响。旅游节获得了中央级媒体、重点城市地铁广告海报、短视频社交媒体、门户平台等媒体持续报道和关注。据不完全统计，华侨城文化旅游节共覆盖全国30多个省市的民众，传播总量超过6亿人次。

经过第一届文化旅游节的举办，我们发现文化旅游节不仅向大众传递了欢乐和美好生活理念，扩大了华侨城文旅品牌的影响力，同时也发挥了华侨城文旅产业的创新平台、宣传平台、营销平台的作用，在创新旅游节庆内容、推动跨地域旅游景区整合营销、打通景区资源线上线下服务通道等方面进行了有益探索。因此，集团决定继续培育文化旅游节，并在节庆的时空维度和内容上进行了全面升级，更好地满足消费者多元化、多层次的需求。

2019年，华侨城文化旅游节于5–10月举办，历时184天，依托北方、华东、中部、西部、云南、海南、华南7大区域，分区域、分主题、有重点的策划开展丰富多彩、持续不断、内容繁多的旅游节庆活动，同时将区域型旅游产品推向市场，花橙北方卡、云南卡、巴蜀卡、深圳卡等受到市场热烈欢迎，满足了大众周边游需求。旅游节还顺应线上消费趋势，实现了华侨城旗下旅游产品全线上架花橙平台，方便游客一站式选购。华侨城文化旅游节也逐渐从集团内部成长为全国性的大型品牌节庆活动。据统计，2019年华侨城文化旅游节实现了品牌营销曝光15亿人次。

2020年，面对疫情重创，华侨城积极响应党和国家“有序复工复产”的号召，统筹旗下文旅企业分区分级逐步恢复开放与运营，通过举办文化旅游节全力复工复产，助力行业复苏与振兴。2020年，华侨城文化旅游节于6月19日到10月31日举办，历时135天，整合全国60城的文旅项目，策划推出超400项主题活动和500项文旅产品。其中聚焦疫后市场需求，进一步升级周边游、微度假旅游产品，设计推出了花橙深圳、京华、江南、天府、童趣、美食潮玩、东部度假卡系列产品，搭建全新活动架构体系，推出“感恩礼敬、文旅创意、掌上乐游、欢乐‘视’界”四大行动和“自然康养、欢乐休闲、文化艺术、历史民俗、美食潮玩”五大体验活动，进一步深化节庆内涵，满足疫后人民群众对以旅游消费为代表的美好生活的新期待。

2021年，华侨城文化旅游节在6月19日至10月31日期间举办，在前三届的经验积累上，进一步优化节庆架构和组织实施策略，以“缤纷欢乐游，就来华侨城”为主题，推出“城市度假、电音狂欢、康养休闲、国风艺术、美食潮玩”五大专题季，在全国北方、华东、西部、华南、中部、云南6大主场区域接力展开。华侨城以专题季的形式更好地整合和发挥了不同区域文旅资源的优势和特点，打造出主题突出、特色鲜明的活动和产品，满足游客不同的出游需求。活动期间，全集团共推出产品超1800款，并且推陈出新打造了113款年度特色产品。同时，活动进一步强化线下与线上营销联动，突破圈层，覆盖更多客群；进一步打开渠道边界，逐步铺开与美团、携程、百度等渠道合作；持续推进快手、抖音等新媒体合作；组织策划挑战赛、全民任务等，以新媒体为平台切入年轻用户市场，贴近用户需求。

经过4年的发展，华侨城文化旅游节已逐渐成为国内首个由单一企业创办、跨越时间长、活动产品多、覆盖地域广的节庆活动。尤其在2020年疫情冲击背景下，文化旅游节率先引领旅游市场复苏，提振市场信心，激发市场消费活力，得到了国资委、文旅部等主管部门的肯定。2020年底，在国务院国资委指导下举办的中国企业品牌建设分论坛上，“华侨城文化旅游节”品牌创建实践入选“2020年度中央企业品牌建设典型案例”。同时，华侨城经过4年的尝试和探索，也形成了一套系统化的节庆活动体系，为大型旅游企业集团打造节庆活动摸索出了一条可行的道路。

二、理念、价值与口碑度

（一）共享惠民，助力大众旅游深入发展

新时代的大众旅游，既要保证高质量、多元化产品的供给，也要保障旅游的大众性、普惠性。作为一个“国民级”的节庆活动，华侨城文化旅游节始终坚持社会效益与经济效益相统一，积极承担社会责任。4年以来，文化旅游节充分利用旗下百余家企业的优质资源，推出各类活动产品及优惠套餐，以超值折扣回馈市场，投入专项资金优惠补贴，节庆优惠力度逐年递增，优惠范围持续扩大，累计惠及人群超2亿人次。

除了日常优惠之外，文化旅游节也针对特定人群量身打造优惠策略。2020年，华侨城文化旅游节开展感恩礼敬行动，用专属礼遇致敬在战“疫”期间辛勤付出的医护工作者、军人、人民警察、消防员、社区工作者、新闻媒体工作者、防疫志愿者、公交司机、快递员、环卫工人等抗疫主力人群，弘扬抗疫正能量精神。2021年，在华侨城开展“我为群众办实事”、推进“四惠”专项行动之“优质服务惠游客”的部署下，旗下各旅游企业在节庆举办期间，为特定人群订制体验活动和优惠福利，与人民群众共享旅游发展成果。

同时，华侨城集团也有效发挥华侨城文化旅游节的影响力，深化旅游扶贫，勇担央企社会责任，利用华侨城文旅流量价值，在自有电商平台开设扶贫专区，开展扶贫项目直播带货，实现全方位多角度的推荐扶贫地区文旅特色产品，助力旅游扶贫项目的发展，惠及偏远地区的人民。

（二）欢乐在一起，丰富国民“精神食粮”

华侨城文化旅游节秉承着华侨城集团“优质生活创想家”的理念，注重深化节庆内涵，强化内容打造，从“欢乐”出发，以优质的文旅产品满足国民不断增加的精神文化需求。每届文化旅游节都重点突出欢乐元素，2018年和2019年的活动主题为“欢乐在一起”；2020年主题为“美好如期，欢乐同行”；2021年主题为“缤纷欢乐游，就来华侨城”。在节庆主题之下，结合休闲、电音、康养、国潮、美食等元素，策划推出了诸多特色活动，为游客提供意想不到的欢乐体验。

为更好地满足旅游者多样化需求，文化旅游节在活动内容上也不断细分和聚焦。2019年的文化旅游节精心策划了“活力之春”“狂欢之夏”“喜悦之秋”三大主题；2020年文化旅游节打造“自然康养、欢乐休闲、文化艺术、历史民俗、美食潮玩”五大体验；2021年推出了“城市度假、电音狂欢、康养休闲、国风艺术、美食潮玩”五大专题季。

为提升文化旅游节活动和产品的高品质，给消费者带来更好的游玩体验，4年来华侨城文化旅游节持续优化改进，通过建立工作任务书、活动实施规范、应知应会手册等实施标准，确保节庆活动品质，并以有效的考核激励机制，激发企业活力，创造更好的活动和产品，实现精彩加倍，欢乐升级。

（三）口碑优秀，赢得消费者认可

作为国内由单一企业举办的规模最大的文化旅游节庆，华侨城文化旅游节将华侨城分散在全国各个区域的项目、业态等进行多维有机整合，并以“华侨城”进行统一品牌背书，为丰富产品结构、创新产品供给、扩大节庆影响提供支撑，从而满足消费者多元化、多层次的需求。举办4年以来，华侨城文化旅游节每年向市场输出数百项的精彩主题活动与特色产品，以优质的活动、产品与服务，获得了优秀的市场口碑，以旅游节庆赋能人民美好生活。

为提升节庆期间的游客满意度，华侨城文化旅游节提供了专属特色服务。活动期间在华侨城所有文旅企业游客服务中心设立文化旅游节咨询服务点，设置文旅节专用通道等，也充分利用各种科技手段优化游客现场体验。每届文化旅游节还编制相应的文旅节应知应会手册，并组织员工进行宣贯和优质服务的专业培训，规范服务标准，提升服务品质。

为保障节庆活动品质，文化旅游节建立了有效保障机制。通过实地明察暗访、网络数据分析，线上线下开展问卷调研，分阶段、多维度对企业实施情况开展督查。对节庆的组织、宣传、活动及产品策划推出等各方面实施情况进行动态监督和统一管理，对在产品、活动或服务创新等方面做出巨大贡献的企业给予奖励，确保华侨城文旅品牌美誉度。调研结果显示，节庆期间游客满意度高达九成以上。

三、组织、创新与可持续

（一）构建高效全流程管控体系

为了充分发挥华侨城集团内部凝聚力和文旅产业规模优势，

集团在实践中不断完善文旅节统筹管理机制，构建三级管控组织体系，精心打磨设计方案，保障文化旅游节顺利开展。

一是统筹推动有力。由集团一把手亲自挂帅，强化指挥统筹和顶层设计，针对文旅节的部署，华侨城召开了数次专项工作会议，并在多个重要仪式活动，包括誓师大会、开幕式、新闻发布会、闭幕式上鼓舞全体士气。

二是建立科学有效的组织架构。华侨城以集团旅游管理中心为秘书处，统筹节庆工作开展，构建“集团总部——二级单位——文旅企业”的纵向管理体系和以统筹策划组、营销电商组、品牌宣传组为主力的横向分工体系。集团内共900余人的文旅节专项工作团队进一步发挥了管理、实施、督导及反馈的全流程统筹合力。

三是精心策划方案。在认真研究、深入调研、多次沟通的基础上，对每一届文化旅游节反复打磨、不断优化，形成在组织方式、协同力度、目标体系、考核激励等方面都有创新的方案。2021年华侨城文化旅游节年设计了五大专题季，并通过“欢乐接力计划”滚动造势，以15场大规模主力活动、500余场主题活动串联起一波又一波节庆热潮。

（二）引领文旅业务创新发展

华侨城文化旅游节在线上线下协同发力，加强跨界合作，强化品牌与营销协同等方面进行了有益探索，推动华侨城文旅业务不断创新发展。

一是促进线上线下协同。文化旅游节培育壮大华侨城官方电商平台——花橙旅游，自2018年上线以来，已获取超1000万新增活跃会员，建立自有会员体系。并通过“三进三联”，即进社区、进街区、进商圈，联系学校、联系工会、联系俱乐部，积极开拓线下产品营销渠道，突破圈层，覆盖更多客群，推动活动、宣传和营销高效协同。

二是推动跨界组合联动。2021年文旅节期间，欢乐谷与游戏、动漫等知名IP合作，推出了一系列主题活动，广受市场好评。各企业也积极探索跨界联动，与地产项目、研学项目、消费品牌、银行、商圈等联合开展宣传活动，实现优势互补，提升宣传效能。明年文化旅游节计划以抖音、B站等头部视频平台为主阵地，开展深度跨界合作，引领创新潮流。

三是创新营销与宣传方式。围绕节庆主题和内涵，策划“员工短视频大赛”“带着花橙去旅行”等活动，通过抖音、微信、B站等流量平台进行广泛传播。其中，短视频大赛策划了员工创意赛道、大众创意赛道和达人种草引流多项活动，推动华侨城文旅业务形成系统化、成熟化的短视频运营体系。

（三）增强可持续发展动力

为实现华侨城文化旅游节可持续高质量发展，华侨城集团从多个方面为节庆活动的开展提供有力的支持，为文旅节发展带来源源不断的动力。

一是专门经费保障。华侨城文化旅游节得到集团的高度重视和支持，设立了文旅节专项的资金。华侨城集团每年投入约1亿元，用以节庆活动的开展、宣传、营销、考核激励等，保障文化旅游节的顺利开展。

二是与企业经营深度融合。对节庆方案进行提前筹划，深入调研、论证、优化，确保方案切实可行，在内容设置、组织机制、实施策略上，建立更灵活、多效的机制，激发更多的企业深度参与，会聚全集团力量，发挥更大智慧，真正实现华侨城文旅产业的规模效益。

三是运营机制不断优化。文化旅游节通过完善组织机制、考核激励机制，优化实施策略，逐步形成稳定的运营机构和专业化运营团队，更好地发挥激励、引导作用，促进各个板块、区域、业态之间的资源整合协同。

未来，华侨城文化旅游节将持续优化升级、发展壮大，以精彩纷呈的活动、优质新颖的产品，满足消费者多元化、多层次的需求，坚持经济效益与社会效益相统一，让节庆活动成为国民旅游和休闲的欢乐源泉，向着“为中国，造欢乐”的使命继续前行。

主题沙龙（二）

民宿区域公用品牌如何赋能乡村振兴

开篇语：

每个人心里，都有一处属于自己的桃花源，每个人也都曾憧憬过“采菊东篱下，悠然见南山”的生活。民宿旅游的崛起，让这样的生活变得不再遥远。在郊外，在村落，在山水之间，一处处现代桃花源泉涌而出，改变了乡村面貌，也实实在在成为我们生活的一部分。一个小小的院落引发的是我们的乡愁，是在城市之外与泥土亲近的一种旅游和生活状态。民宿不仅仅是为城市人回到乡村提供了旅游的新业态，更是让年轻人作为民宿的创业者重新回到故乡，激发乡村活力、纾解城乡差异和矛盾，进一步赋能乡村振兴。

主持人：

张晓军，中国旅游协会民宿客栈与精品酒店分会会长、唐人文旅智库首席专家、唐乡新乡居生活社区创始人

案例代表：

黄力量，浙江省丽水市委农办主任、市农业农村局局长

嘉宾：

毕阳阳，北京市怀柔区渤海镇党委宣传委员

刘　跃，北京顺旅酒店管理有限公司总经理

张晓军： 本次的沙龙话题将围绕民宿的品牌创建以及民宿品牌在文旅发展和乡村振兴中的作用展开。第一个话题谈谈丽水山居，这也是我钟爱的一个品牌，先请黄局长介绍一下丽水山居的创建、举措和取得的显著的经济、社会效益。

黄力量： 我先介绍一下丽水。丽水是“两山”理念的重要萌发地和先行实践地，是“丽水之赞”的光荣赋予地，也是浙西南革命精神的原创地。2019年4月份，“丽水山居”集体商标注册成功，成为全国首个农家乐民宿区域公用品牌。目前，全市有农家乐民宿3365家，从业人员有3万人，近五年来营业收入达到153.7亿元。部分精品民宿年入住率达到95%以上，也曾经出现一房难求的现象。尽管这几年民宿受到疫情影响，但我们应对及时，经受住了考验。当时我们打造“丽水山居”民宿区域公用品牌的时候有三个初衷。第一，要成为助推农民增收致富的新法宝。在丽水有三个新法宝，农家乐民宿、电商经济和来料加工。第二，要成为培育乡村产业发展的新业态。第三，要成为引领全国民宿行业的新标杆。总的是要成为丽水乡村振兴、共同富裕的一道靓丽风景和“三农”标志性成果。

这几年“丽水山居”品牌是怎样练成的？具体采取了哪些举

措？我把这几年的实践归纳了一下，主要有四大举措：第一，规划引领。2015年，我们按照“五心十有八依托”这样的原则和要求做好顶层设计。其中“五心”指“舒心、贴心、放心、开心、养心”；“十有”指“有主人、有山水、有业态、有乡愁、有创意、有体验、有故事、有主题、有智慧、有口碑”。政府因地制宜，编制了全市农家乐民宿发展规划，明确发展的重点区域，找准市场定位。各县（市、区）也加强对古村落、自然景观、地方文化等资源禀赋的整合力度，在大景区中规划一些民宿建筑，让民宿成为景中景，在大景区周边以及具备民宿资源禀赋的一些地方进行了布局。第二，政策推动。我们制定出台相关政策标准。对民居、农家乐民宿综合体和精品民宿进行分类和评奖，奖补60万元、30万元、20万元不等。目前，我们已经累计奖补6000多万元。为了战胜疫情帮助民宿业主共渡难关，我们出台还全国首个关于加快促进“丽水山居”农家乐民宿开放营业的“八条意见”，为民宿提供“政策包”“促销包”，战疫情促复苏。同时，丽水市实现全市农家乐民宿公共责任保险的全覆盖。第三，品牌打造。2019年，我们创新举办了首届中国民宿区域公用品牌大会暨“丽水山居”民宿服务标准发布会，发布了“丽水山居”民宿服务要求和评价规范。我们每一家民宿都有医疗应急包，并且教导每家民宿至少有一人懂得操作和使用。我们也举办了“丽水山居”乡村旅游线路产品设计大赛、“丽水山居”LOGO以及宣传口号的征集大赛、伴手礼大赛、世纪山峰主题摄影比赛，还有最具人气的VR评选，和“丽水山居”的代言活动。同时，市委市政府的主要领导带头为“丽水山居”宣传。特别是在前年五一期间，市委书记、市长从具体的“丽水山居”民宿入手，帮助推介，让民宿走向全国、走向世界。我们还通过数字化赋能，利用线上的网络资源平台开发一些数字化的应用场景，遴选优质农家乐民宿，拍摄制作上线展示，通过多种渠道推荐“丽水山居”。未来，要引导“丽水山居”向“美学民宿、品质民宿、生活民宿和共享民宿”的方向发展。第四，市县联动。市县联合开展各类民宿培训、比赛，以赛促训、赛训结合，促进民宿业主经营能力和服务水平不断提升，做好政策标准，宣传贯彻落实工作，统一规范运营管理，进一步提升了“丽水山居”建设和运营的水平。同时，我们还促成九个县（市、区）建立了农家乐民宿协会，统一规范运营管理，发挥民宿协会的协调服务行业自律等职能，由市级协会督促指导各地更好地发挥协会的作用。我们每年举办两场大型会员活动，取名“春华”“秋实”，走出去请进来，促进业主互相学习交流。平时还不定期举办民宿业主的沙龙活动，确定一个主题，聚焦一个方向，发挥大家的智慧，群策群力。同时，通过提升经营化组织化程度，以协会为主体，开展经营管理和宣传营销。通过这几年不断地创新实践，使“丽水山居”的名气一年更比一年大。

民宿对乡村振兴有什么样的作用？我的理解是它的效果主要体现在三个方面：一是双向赋能。民宿也是“诗与远方”。很多城里人所向往的地方，为什么能建民宿？以丽水为例，一方面，我们利用丽水的好山、好水、好生态、好资源、好村落，大力发展农家乐民宿产业，推动生态产品价值转换，另一方面，我们又赋能丽水独特的“山”字系品牌，打造4个子品牌：首先，农业区域公用品牌叫“丽水山耕”；其次，农家乐民宿区域公用品牌叫“丽水山居”；再次，乡村旅游区域公用品牌叫“丽水山景”；最后，还有一个水经济区域公用品牌叫“丽水山泉”。“丽水山居”是“山”字系品牌中的一个核心成员。推动产区变景区、产品变商品、民房变客房，促进一二三产业融合，带动丽水山耕、山居、山景、山泉的一体化发展。

二是直接助推。我们打响“丽水山居”品牌的其中一个初衷就是要助推农民增收、共同富裕。这几年的实践，“丽水山居”的蓬勃发展就助推了丽水农民收入增幅，连续13年位居浙江省第一，成为全省农民增收的一大亮点。

三是有效激活。通过开办民宿，让沉睡的资源、古老的乡村真正焕发出新的活力，能够活起来、富起来、强起来。我们吸引了原乡人、归乡人、新乡人共谋乡村振兴。我们有一项工作在全国比较有影响力的，叫“拯救老屋行动”。丽水的历史文化村落总共有257个，在全国排第三，在华东地区排第一。如何让这些古村落复活，焕发新的生机？我们其中一项举措就是开办民宿。所以这几年丽水市在民宿业的发展中享受到甜头，农民口袋富起来了，幸福生活真实有感，一年更比一年好。

张晓军：这两年文旅行业出现一个新的业态开发趋势和投资新模式，也包括新的消费，叫沉浸式夜生活。全国第一个提出沉浸式夜生活的镇域是渤海，还有一个区域品牌叫“夜渤海”，所以渤海镇作为全国乡村旅游重点镇，在乡村旅游和民宿发展方面不断地创新，一直是走在北京乃至全国的前面。我去渤海镇调研，了解到渤海镇很早就成立了镇一级的民宿协会。正是因为有了党委政府对民宿的高度重视才有了渤海镇今天诸多著名民宿品牌和渤海镇区域品牌的诞生和发挥作用。下面请北京市怀柔区渤海镇党委宣传委员毕老师来给我们介绍一下渤海镇在民宿区域公用品牌建设方面的经验和做法。

毕阳阳：渤海镇位于首都正北，人口1.6万人，我们有一个最大的资源是在慕田峪长城脚下。远在京北的一个小镇，截止到2021年底，有187家精品民宿，200多户农家院，6个乡村精品酒店等特色业态。在1.6万人的小镇上有近400多家旅游行业的经营单位，可以说是在我们历任的党委政府包括区级各部门指导下的发展成果。在民宿方面，通过政府引领，像丽水的案例一样，整体谋划顶层设计非常有高度，当地的资源、特色以及市场准确定位都体现了当地领导班子集体的智慧和能力，值得我们去学习。黄局长讲到的“十有”中“有主人”“有乡愁”“有故事”令我印象很深。我们渤海镇的民宿发展过程中，主导的一个核心就是民宿不是单纯地指建筑崭新、设计新颖、功能齐备的居住场所。它应该是有主人的温度、有文化的温度，是把主人自己对于农村和生活的追求、喜好和体验在他的居住环境、民宿作品中有所体现和展示。民宿不论是单一的个体还是区域的公用品牌，不是冰冷的概念，而是游客也好，市民也好，来这里体验后会留有念想，增加回头率。这也是我们着重引导在民宿的发展中注入文化的内涵。这几年渤海镇的民宿业主自发成立民宿协会，通过协会对当地民宿发展做引导。属地政府和协会是指导关系，所以这方面的工作也离不开政府的参与。民宿行业发展是市场行为，如果政府在这个过程中给予硬性的条框约束，就会对这个行业发展起到消极的作用，而我们通过民宿协会从专业角度对这个地区民宿发展做指导，通过一种类似于自治的模式把属地民宿的发展推行在良性健康发展的渠道上。我们也研发了微信小程序、推出核心会员交流等一系列民宿体验产品及路线，这是我们渤海镇走出的民宿发展路子。“丽水山居”的案例给了我们很大的启发和借鉴，尤其是提到这种民宿区域公用品牌，现在提到渤海民宿只是字面上的概念，还没有像“丽水山居”能直接体现它的特色和核心IP，这是我们的下一阶段是我们工作重点和方向。

张晓军： 谢谢嘉宾以渤海镇为例，谈协会、企业和政府在区域做品牌的时候的做法。我们的国企看到民宿的蓬勃发展和巨大商机，也投身到民宿行业中来。下一位嘉宾刘跃分管顺义的文旅投酒店管理公司，在顺义就做了若干民宿，既有景区赋能型的，也有乡村振兴型的。请她来谈一谈品牌创建的过程和分会是如何赋能行业、打造区域公用品牌的？

刘跃： 顺义区是旅游资源匮乏区，没有山，没有水。我们当初做民宿的理念是什么？我要把民宿作为旅游目的地，是游客出行的目的地。所以我们主要做了院落文化，这样我们不到五年的时间里创建了“享筑”这个品牌。享受的“享”，建筑的“筑”，同时也是住宿的“住”。我们在景区北京国际鲜花港建立十二星座帐篷酒店，还有帐篷露营地，在红色小镇龙湾屯镇建立了享筑·伴山雅集主题民宿。经营这五年来，把我锻炼成为一个钢铁战士、全能型选手，设计、建筑、园林、营销、运营等工作什么都会，和各个行业打交道，但是我觉得乐在其中。“忙而不乱乐在其中”，这是我的企业精神。看到了丽水的先进做法，我有一个感受，就是民宿终于要从民间的、散养的变成了政府的、公共的产品，这就是一个区域品牌。作为一个民宿人，我觉得我终于要改变了单打独斗的局面。我们要进入组团作战了。但是目前顺义区唯一一家民宿品牌只有我这一家，所以这样跟渤海镇相比之下会有很多不足。我相信有政府先进的做法，有引路人、带路人，有先行者给我们做引导，民宿的未来指日可待。说到政府、社团、企业的职责是什么？其实我想用16个字表达，就是政府搭台、社团引路、企业唱戏、百姓获利。作为小民宿怎么赋能文旅？我觉得是小民宿大世界，在民宿里包罗万象。中国服务是一个标准，是一个理念。我觉得它更是美好，更是温度。我们传递的是美好，传递的是温度。民宿人很忙，我们要亲自去布置每一个场景，摆放每一个物件，种植每一颗花草，让客人感受到我们给予这个家园的一种热情和爱。我们用传递爱、传递温度的这种方式来赋能文旅、赋能乡村振兴。

张晓军：谢谢您的发言。刘跃快人快语，就像她做乡村民宿院落的改造。创意非常好，施工非常快，文化主题特别突出、有意思。接下来是下一个问题，作为以小著称的文旅业态，民宿如何服务于“中国服务”这一理念？请各位嘉宾回答。

黄力量：在乡村的发展过程中，我觉得民宿产业是一个小产业成就了一些大道理。我们的小民宿如何以小见大？我曾经把它这么总结的：一是小民宿大产业。比如丽水游客人数最高峰时达到3300多万，年营业收入达到了36.7亿。确确实实民宿产业本身不大，但是它带来的产值、营销收入比较大。二是小民宿大市场。民宿产业的发展更重要的是要促进当地群众以及乡村集体经济的增收。“丽水山居”实现了从早几年的默默无闻到现在的一鸣惊人；从过去的离乡经济到今天的回乡经济。很多乡村都是农民外出挣钱去，这几年回乡人都富起来了，回归开办民宿。从以前的美丽环境到现在的美好生活，实现了华丽的转身。三是小民宿大社会。“丽水山居”已经成为乡村振兴的金字招牌，连续7年在浙江省农家乐乡村休闲旅游工作考核中获得优秀，丽水市创建农家乐民宿综合体模式荣获“中国全面小康十大民生决策奖”，丽水市和云和县双双荣获“全国民宿产业发展示范区”称号，2019年丽水市也被授予中国民宿产业研学基地。四是小民宿大联动。“丽水山居”成为全市乡村品质生活的集中展现，也可以说全市九个县（市、区）在“丽水山居”区域公用品牌的引领下统筹联动、发力奔跑，在富民旺业兴农道路上跑出了加速度，涌现出了一系列网红精品民宿。

毕阳阳：民宿虽然小，但市场非常大。刚才提到赋能“中国服务”，这是一个非常大的学问，小的民宿怎么服务这个大题，丽水给了我们一个借鉴。我来自怀柔区渤海镇，怀柔区这两年一直在建设科学城。从我的认知来讲，民宿不仅仅服务市民和游客在周末的小院里吃一顿可口的美食、聊一聊诗和远方，还有很多功能可以承接。比如说北京市把民宿纳入政府采购，这就给小民宿开了一条路、打开一扇窗。另外，怀柔科学城未来迎接的不仅是国内的科技人才和科技公司，还会服务从全球各国各地来到中国、来到怀柔科技城的科学家。我们的小民宿为科学城服务、为科学家服务，给来到中国的国际友人提供“中国服务”。我们渤海镇离怀柔城区、离科学城半小时车程，借大会的平台做一个广告，让我们的小民宿为“中国服务”助力。

张晓军：谢谢几位嘉宾，我代表我们的主题沙龙表达一些思想：小民宿是新服务。民宿工作人员没有工装，穿得五花八门，但是万变不离其宗，我们的传统服装——新中式这样的新工装是不是“中国服务”的一种创新呢？同时。通过第三届征集活动的“案例”申报名单，有一家我们的会员单位申报的是《民宿里的中国》。这个主题是我提出的。他们本来就是想拍一部非常普通的民宿的纪录片，我说我们要从民宿里看到乡村的变化，看到中国的变化，为世人传递一个全新的中国形象，这部片子一直在播出，收视率不错。本届大会在酒店举办，以后的大会也可以考虑选择在合适的民宿区域召开，让我们的民宿回报大家的厚爱，也让大会传递民宿作为“中国服务”全新载体的全新使命！

开篇语：

有着“江南最后秘境”之称的松阳，是一个地处浙江大山深处的县。松阳县三都乡松庄村原先有着600多人、目前常住人口不足一百。它因为一家叫桃野的民宿进入，正在发生着蜕变。

桃野的主人来自上海，对乡村充热爱，向往亲近自然，期待回归生活本真的美好之地。于是，主人家请来业内著名设计师吕晓辉操刀打造了民宿。桃野外观质朴传统，与古村落完美相融；内核则摩登时尚，符合都市人对高品质度假的各项要求，自开业以来就受到业内人士和游客的好评，接连获评业内多个奖项，其中最让桃野引以为傲的是“年度乡建榜样”的奖项。这个奖项既充分肯定了桃野民宿的高品质服务，也认同了其城乡文化的使者、优质内容的创造者，乡村振兴实践者的身份。

像桃野这样的例子，是外来投资“丽水山居”的典型。在村里，“丽水山居”农家乐民宿除了与村民和谐相处、共同生活、销售农产品之外，还逐步带领村民共创共享艺术文化，向着精神的共同富裕迈进。

浙江丽水山居

山居美宿 绝不辜负

“丽水山居”是浙江省丽水市农家乐民宿区域公用品牌，是丽水市深入践行“两山”理论的重要载体，是“丽水之干”担纲“丽水之赞”的生动实践。从农民闲置民房到增收金居，“丽水山居”逐步成为能人下乡、乡贤返乡、农民就地创业就业的有效载体。“生态经济化，经济生态化”的乡村振兴大幕逐步拉开，在生态产品价值实现机制爬坡越坎、滚石上山的紧要关头走出了一条农民增收致富路。

一、发展背景

丽水市地处浙西南山区，地势上多中山丘陵，素有“九山半水半分田”之称。境内海拔1000米以上的山峰有3573座，是浙江乃至华东地区重要的生态屏障，素有“中国生态第一市”的美誉。山是江浙之巅，水是六江之源，丽水的森林覆盖率达到81.7%，是全国唯一水、气环境质量均进入全国前十的地级市，生态环境状况指数已连续15年居全省第一、全国领先。

丽水是首批中国民间艺术之乡，有3项联合国人类非物质文化遗产，18项国家级非物质文化遗产。全市现存257个国家级传统村落，是华东地区古村落数量最多、风貌最完整的地区，被誉为“江南最后的秘境”。丽水的华侨文化、畲族文化、摄影文化等都是独具特色的地方本土文化品牌。近年来，丽水不断深化“千万工程”，全域启动花园乡村大创建行动，努力把全市打造成为一个千姿百态的大花园，争创全国领先的花园乡村先行地，农村发展实现了从村庄整治到美丽乡村的历史性蝶变，累计创成省级美丽乡村示范县5个、示范乡镇68个、特色精品村173个、A级景区村866个、花园乡村208个。

丽水始终把“三农”作为全市工作的重中之重，扎实推进乡村振兴战略，推动了农业繁荣发展、农村日新月异、农民安居乐业。2018年4月，习近平总书记在深入推动长江经济带发展座谈会上指出：“浙江丽水市多年来坚持走绿色发展道路，坚定不移保护绿水青山这个‘金饭碗’，努力把绿水青山蕴含的生态产品价值转化为金山银山，生态环境质量、发展进程指数、农民收入增幅多年位居全省第一，实现了生态文明建设、脱贫攻坚、乡村振兴协同推进。”

丽水革命资源丰富，革命精神丰沃。周恩来、刘英、粟裕等老一辈革命家和无数革命先辈先烈曾在这里浴血奋战、顽强奋斗，缔造形成了“忠诚使命、求是挺进、植根人民”的浙西南革命精神。目前，全市革命遗址数量有429处，5个县入选全国第一批革命文物保护利用片区分县名单，均位居全省第一。

进入新时代，丽水要如何继续深化“绿水青山就是金山银山”生态产品价值转换机制，将大自然的“生态馈赠”与老祖宗的“文化遗珠”链接起来，满足现代人“采菊东篱下，悠然见南山”的消费需求？丽水要如何继续依托得天独厚的生态优势，打响“丽水山居”农家乐民宿品牌，打造丽水“第五张金质名片”——追忆乡愁的“乡旅乐土”？丽水要如何继续为过着山居生活的村民提供创业就业、增收致富的良好渠道？丽水要如何继续展示丽水美丽的自然地理风貌和生态特点，落实总书记对丽水的殷殷嘱托？

二、主要做法

（一）政府引导，集聚发展。

丽水市制定出台《“丽水山居”农家乐综合体和精品民宿示范项目评审认定办法（试行）》（丽农办〔2017〕22号）。2019年12月，丽水市举办首届中国民宿区域公用品牌大会暨“丽水山居”民宿服务标准发布会，发布《“丽水山居”民宿服务要求与评价规范》（DB3311/T106–2019），通过制定出台相关政策和标准，引导全市农家乐民宿规范化发展。2021年8月16日,出台了《丽水市人民政府关于推进乡村产业高质量绿色发展的实施意见 》（丽政发〔2021〕19号）文件，市级农家乐民宿发展专项资金1000万元，“丽水山居”农家乐综合体精品示范项目补助60万元/个、示范项目补助40万元/个；“丽水山居”精品民宿示范项目一类、二类、三类分别补助30、20、10万元/个。同时，9县（市、区）和开发区也制定出台了农家乐民宿发展扶持配套政策，引导激励业主发展提升农家乐民宿，形成以农民为主体、工商资本和返乡创业为两翼的集聚群发展格局。

云和县崇头镇下垟村曾是县里最穷的山村之一，村里利用闲置多年的民房改建成了10余家民宿，结合乡村梯田等自然景观，提供游客食宿的同时，村民的腰包也逐渐鼓了起来。全县从2013年不到100家农家乐民宿，到如今超300家，涌现出坑根村、长汀村、黄源村等一批农家乐民宿集聚村。

（二）统筹规划，农旅融合。

按照“依托城市，依托景区，依托产业，依托文化，依托避暑，依托村落，依托节庆，依托环境”要求，政府因地制宜编制农家乐民宿发展规划，明确发展重点区域，找准市场定位。各县（市、区）加强对古村落、自然景观、地方文化等资源禀赋的整合力度，在大景区中规划民宿建设，让民宿成为景中景。

松阳县沿坑岭头村整村推进“画家村”建设，以“柿子红了”为代表的特色民宿成为远近闻名的写生景点，全村年接待写生创作师生和各类游客最多时2万余人次，直接经营收入达150余万元。而莲都区大港头镇，大力发展古堰画乡景区的同时，对原有的木材加工产业进行了转型升级，提出集中连片发展民宿旅游产业的思路，实现了101家木制品企业和农户就地转型，实现了景区民宿的抱团发展，成为莲都区旅游的重点区域。

（三）保护开发，复兴古村。

坚持自然生态系统原真性保护、可持续开发原则，依托中国传统村落保护和省级历史文化村落保护利用项目，推广莲都区下南山古村复兴模式和松阳县“拯救老屋行动”试点经验，通过“中医调理、针灸激活”方式，积极发展休闲农庄、乡村茶馆、乡间客栈、健康养生、自驾露营等乡村旅游新业，打造一批宜居宜业宜游的“古村复兴”示范村落。

莲都区下南山村，老村42幢房子以25万元/年的租金与联众集团签订 30 年合同，租金每5年提升 8%，村集体与村民按3：7的比例分红，联众集团投资 6000万元建成“欢庭下南山酒店”已营业。“古村+文创”的发展模式，将原本房败墙颓的下南山村村民搬迁后留下的古民居蝶变成网红民宿。

云和县从2013年起，以闲置农房为底色，开始鼓励乡村发展民宿业；2015年，对闲置农房全面摸底、分类鉴定后，千余幢农房上网招租；2016年，出台了《云和县空闲农房二次创业改革试点实施方案》《云和县空闲农房征收再利用试点方案的通知》，使闲置农房有了“换颜”的条件。善用空闲农房，可将山水之间充满田园野趣的'沉睡资源'转化为发展资本，古朴民居与竹林云海、千年梯田相映成趣。截至2021年底，云和县通过"空闲农房二次创业"，已成功租赁100多幢闲置农房开办农家乐民宿，租金为农民直接创收近200余万元。

（四）创新举措，破解难题。

创建放心民宿示范区，试行先行赔付制度，以提高民宿的消费环境安全度、经营者诚信度和消费者满意度为目标，通过采分制对创建工作7类27项进行量化，创新性设立保证金，推行先行赔付制度，不断提升全市民宿品质。

松阳县成立放心民宿示范区创建工作小组，以云上平田景区为创建重点，出台相关制度文件，不断提升旅游消费维权效能。景宁县大漈乡16家农家乐民宿成立餐饮"安全联盟"，每家农家乐交纳"赔付基金"，由消费者协会统一管理，首期先行赔付基金筹集到10万元。该乡在2018全省"3·15国际消费者权益日"纪念大会暨"放心消费在浙江"行动推进部署会上，作为在放心消费示范建设中成效特别突出的6家典型单位代表之一获得通报表扬。

丽水市还全面推广"政府+保险公司+农家乐民宿业主"三合一的农家乐民宿公众责任保险（简称"民宿保"），为全市农家乐民宿业主和游客搭建平安"保护伞"，该做法获得省领导梁黎明、朱从玖批示肯定。

在2020年严峻的新冠疫情防控形势下，丽水市率先在全国出台《加快促进"丽水山居"农家乐民宿开放营业的八条意见》，帮助和支持业主渡过难关。丽水市农家乐民宿创新的政策性保险工作和农家乐民宿公众责任保险全覆盖的成绩，被央视1套和央视13套报道点赞。

一直以来，丽水市致力于建立健全古村复兴与闲置农房激活、除险安居联动机制，有效配置乡村生态资源，盘活利用农村闲置房、闲置用地，用于发展民宿等旅游项目，示范带动乡村生态产业变革、生态价值变现和生态文明复兴。

（五）专家育智，人才先行。

依托市农民学院、县农民学校等平台，实施区块轮训，加强精准培训，做到亲情、诚信服务，给游客带来“慢生活、家服务、趣体验”。

丽水专门聘请了台湾中华文经协会两岸交流处处长、金牌导游蒋世杰先生担任丽水市乡村振兴美丽乡村旅游首席专家，定期在丽水工作，在导览解说、乡村规划与社区营造等方面对我市农家乐民宿进行深入指导。如依托丽水农民学院举办“美丽乡村金牌导游”特训班，蒋世杰先生全程指导，根据丽水美丽乡村旅游需求，采用学员头脑风暴—解析家乡美—全域旅游接力—现场操作四大模块，针对学员差异化实际情况开展特训。

丽水还举办“金牌导游”“金牌管家”等培训班，并通过以赛促训，赛训结合，和各类民宿创业实训、比赛，促进全市民宿业主相互之间的交流学习。如2018年9月4日，举办“丽水山居”农家乐民宿管家培训及技能竞赛，创国内民宿管家技能竞赛之先河。2018

年9月15日至19日，景宁县举办首期民宿管家集训营，内容包括专家授课、基地实践等，成绩合格者获得国家承认的民宿管家资格证书。通过技能考核鉴定的学员与该县通过设计的民宿签约成功并服务期一年以上的，可享受每年1万元的管家工资补助，此项政策可持续享受3年。集训营吸引县内外的民宿业主、期望从事民宿行业的创业青年、旅游管理专业的在校生等340名学员参加。松阳县则每年开展“民宿管家”“松阳茶师”“松阳工匠”等农村实用人才培训，成立田园乡村建设培训中心，邀请清华大学建筑学院罗德胤教授等专家在“茑舍”民宿分享古村落保护与复兴经验，现已培养出1300多名农村实用人才。

（六）借力平台，宣传造势。

利用线上网络资源平台，遴选优质农家乐民宿拍摄制作VR并上线展示；举办“丽水山居”农家乐民宿LOGO和宣传口号征集大赛、伴手礼大赛、“四季三风”主题摄影比赛、最具人气VR评选、我为“丽水山居”代言等活动；参加多场多地博览会，展示推介公用品牌。

2017年11月，丽水市开展丽水山居·台湾民宿交流合作活动周，台湾地区10名民宿业主与丽水农家乐民宿结对发展，并在央视4套《海峡两岸》栏目播出。2019年，通过举办“首届中国民宿区域公用品牌大会暨‘丽水山居’民宿服务标准发布会”，邀请国内外专家和学者助推丽水农家乐民宿的发展。松阳县则成立古村落乡村旅游讲解员“百人团”，承担对外讲解和接待任务，以及“私人订制”讲解服务。在网上，小红书、抖音等APP往往成为丽水农家乐民宿的“火花塞”，时不时引爆网红农家乐民宿。

民宿业主也在各种场合讲解、介绍民宿，充分展示了民宿魅力，扩大了民宿影响力。如景宁县“如隐·小佐居”业主吕科健，原是河北地质大学副教授，辞职返乡开办民宿以来，利用自身优势多方推介民宿，使“如隐·小佐居”成为全省首批6家白金级民宿之一。吕科健也作为全省唯一民宿代表参加了全国发展乡村民宿推进全域旅游现场会，并在文化和旅游部全国贯彻民宿标准培训会上做典型发言,担任文化和旅游部和浙江省两级旅游民宿等级评定专家，成为文化和旅游部旅游民宿建设课程讲师。丽水市遴选了欢庭原始村落酒店有限公司等一批农家乐民宿，作为全市首批乡村振兴实训基地，利用农家乐民宿业态开展产业实践，大力传播乡村振兴新动能。

丽水民宿的发展，大致经历了1.0版到4.0版的发展历程：

1.0版：从“农民废居”到“增收金居”

“丽水山居”脱胎于“农家乐”。20世纪80年代起，全国兴起的乡村旅游，出现了大量农家乐产品。当时的农家乐主要为游客提供餐饮，少量提供住宿。丽水从2005年开始启动“农家乐”旅游，莲都区老竹镇沙溪村、庆元车根村、松阳李坑村、青田龙现田鱼村、云和大坪村、平阳岗村等10个示范点共50多户、300多张床位开始接待。2011年，出台《丽水市农家乐管理办法》；2012年，印发《丽水市人民政府关于提升发展农家乐乡村休闲旅游业的实施意见》及《丽水市人民政府办公室关于深化美丽乡村建设推进农家乐综合体创建工作的意见》，此后丽水市的农家乐一直蓬勃发展。

在这一阶段，丽水坚持“绿水青山就是金山银山”战略指导思想，努力把农家乐民宿经济培育成为生态经济的新增长点，扎实推进农家乐民宿经济稳健发展，切实推动了农村产业发展，有效促进了农民增收。农家乐民宿成为丽水“新三宝”之一，把“养在深山人未识”的绿水青山孕育出了农民增收的“摇钱树”，给千百年来陈旧的农村带来了新的发展机遇，为广大农民搭建了一个更宽广的致富舞台。

2.0版：从“默默无闻”到“一鸣惊人”

现代市场经济中，品牌意味着品质的保障和信誉的凝结，是市场主体和区域产业的核心竞争力，同时也是产品推而广之、广而告之的前提和基础。因此，丽水市在发展的第二阶段着力于品牌化建设。

2012年，丽水创新性地提出“农家乐综合体”的概念，整合丽水秀丽的自然风光、深厚的文化底蕴、良好的生态环境等方面的资源，通过打造自身品牌、优化服务，吸引游客到丽水消费，从而促进农民增收致富。2014 年，“丽水市创建农家乐综合体模式”荣获“中国全面小康十大民生决策奖”，为“丽水山居”后续发展奠定了坚实的基础。2015年，市委市政府在全市民宿经济推进会上明确：打造“丽水山居”民宿区域公用品牌。2016年，丽水市印发了《关于大力发展农家乐民宿经济、促进乡村旅游转型升级发展三年行动计划（2016～2018年）》（丽委办发〔2016〕1号），提出打响“舒心、贴心、放心、开心、养心”和“有主人、有山水、有业态、有乡愁、有创意、有体验、有故事、有主题、有智慧、有口碑”的“五心十有”特色的“丽水山居”民宿区域公用品牌，将丽水市打造成全国知名的养生养老目的地、长三角知名休养目的地和山村暑期体验避暑目的地，力争让“丽水山居”成为全国山村民宿的知名品牌。在此过程中，丽水市涌现出一批“网红”民宿，催生出一系列发展模式。

1.以工商资本为媒

在发展实践中，丽水市引入了懂民宿、爱生活、善经营的人才，来自各地的创客带来了新气象，让丽水民宿更具活力。比如，在缙云德菲利庄园，留德归来的业主将家乡的绿水青山与德式的乡村理念完美融合，打造出乡村庄园式的新生活时尚及居住文化。

2.以景区配套为媒

民宿与景区配套有助于发展“全域旅游”，让游客有地可去，化解如今很多旅游景区“见人不见景”的矛盾。比如，莲都区古堰画乡和缙云仙都两个传统知名景区，都以景区为基地，从一家发展到多家，到如今形成民宿群，与原有的景区形成了相互辉映、相互促进的发展态势。

3.以特色文化为媒

丽水有浓郁的人文底蕴，民宿建设与丽水本土的人文精神相结合，能让游客更加贴近当地生活，民宿也更具吸引力。比如，松阳县西坑村以云彩为主题开办了“过云山居”；云和县梅竹村依托梯田云海，建造了“云上五天”。

4.以古村复活为媒

民宿发展还可以结合老屋的保护，改造为独具风格的民宿，让闲置百年的老屋发挥它最初的功能。比如，莲都区的下南山村，原本是一个古民居集群，由于时代久远破坏较大，后经改造，已成为一个兼具传统乡村文化与现代舒适度假的“民宿村”。

3.0版：从“星星之火”到“全域花开”

一花独放不是春，百花齐放春满园。民宿区域公用品牌的建设，目的是推动区域整体民宿产业的发展。“丽水山居”集体商标已于2019年4月注册成功，标志着丽水农家乐民宿正式拥有区域公用品牌。目前，丽水是浙江省唯一一个全国休闲农业和乡村旅游示范市。因此，丽水现阶段的发展思路，主要是从“点”上的突破转向“面”上的推进：

1.示范项目支撑品牌美誉度

丽水致力于创建一批“小而美”“小而精”“小而特”的示范项目，设立市级农家乐民宿发展专项资金1000万元，开始对“丽水山居”农家乐综合体精品示范项目和精品民宿示范项目开展认定和补助。目前，已认定了70家“丽水山居”农家乐综合体示范项目和196家精品民宿示范项目。

2.线路设计助力品牌知名度

为了增强“丽水山居”从业者线路产品设计能力，推进丽水乡村旅游文化深度挖掘，丽水市在2019年举办了首届“丽水山居”乡村旅游线路产品设计大赛。实际上，这是“跨山统筹”理念的运用，打破民宿、区域的界限，连点成线、串珠成链，进一步展示丽水山村美景和山居风情。比如，获得一等奖的“快乐山水·幸福自然”线路，五天四晚亲子游，入住诗里湖山民宿，通过桨板旅行、星空露营、丛林穿越等沉浸式自然体验，与自然建立深度连接，提升家庭亲密关系。

3.标准制定强化品牌品质度

从“丽水山居”品牌创立开始，丽水市就把标准化的理念贯穿始终，2016年就制定出台了《丽水山居建设和营运导则》。2019年又制定实施了《丽水山居放心民宿服务标准2019版》，依据民宿经营场地交通、安全保障、民宿设施、卫生、环境、信息化服务、管理、餐饮娱乐、“主人式”服务、加分项等10个方面设立标准。其中还特别设计了“主人式”服务这一标准。因为民宿主人是民宿核心价值所在，是民宿的“灵魂”，民宿的生活方式和生活态度都源于民宿主人。

4.0版：从“山居民宿”到“乡村小微综合体”

2019年11月15日，农业农村部部长韩长赋在第十七届中国国际农产品交易会开幕式暨中国农业品牌建设高峰论坛上指出，农业品牌建设是深化农业供给侧结构性改革，提高农业综合效益和市场竞争力的重要抓手。因此，4.0版“丽水山居”跳出民宿看民宿，打造成“乡村小微综合体”，以满足消费者多元化的需求，让“丽水山居”本身成为旅游吸引物，从而迸发出更强劲的发展活力。

1.科学规划引导

将“丽水山居”打造成具有全域性、全民性和全产业性的乡村振兴品牌。在空间形态上，“丽水山居”4.0版成为城乡资源要素互动的重要承载地，代表丽水乡村未来的品质化新型社区。在主体形态上，“丽水山居”4.0版体现“了客人也是主人理念”，主客共建、共树、共享。在经济形态上，“丽水山居”4.0版从单一的农业农村经济形态转变为多产业融合发展的多元经济形态。在生态形态上，“丽水山居”4.0版促进生态产品价值的转化、变现与共享。在文化形态上，“丽水山居”4.0版从传统农耕文化形态转变为与现代文化元素、城市文明形态兼收并蓄的新型乡村文明形态。

2.实施融合行动

打造品牌升级版，结合民宿产业、生态农产品开发，深度谋划一批度假农庄、运动基地、自驾车营地、景区村、乡村酒店、研学基地、养生基地等乡村旅游产品。与“丽水山耕”“丽水山景”“丽水味道”等“山”字品牌结合，探索“三山”品牌融合的载体，借力发展的载体，让品牌强强联合，发展出最大效益。

3.深入挖掘开发

有机融入未来社区“生活场景”，培育丽水最原真、最鲜活、最有代表性和发展潜力的“丽水山居”，提供农业全产业链、食农教育、娱乐健身、养生养老、休闲度假等品质服务活动，促进当地农民和客人共享美好生活，从而实现乡村生态价值、经济价值、人文价值的再造和转化。

三、主要成效

现在，“丽水山居”已经成为丽水“三农”工作的金字招牌。2021年，丽水市共有农家乐民宿经营户（点）3507家，从业人员2.9万人；共接待游客2660.9万人次，实现营业总收入24.61亿元，分别同比增长20.14%、9.14%，成为“富民、旺业、兴农”的重要载体。

（一）助力农民增收致富

有资本积累的农户进入民宿开发，农村资源和农民住房、劳动力在资本运作经营的民宿中有稳定持久的收入，旅游商品销售，增加了农民创收来源。

如莲都区下南山村农家乐综合体，建立起企业、村集体和农户多方共赢的乡村振兴模式：老村42幢房子以20万元/年的租金与联众集团签订 30 年合同，租金每5年提升 8%，村集体与村民按3：7的比例分红，涉及的80多户农民整村搬迁至新村，实现了农民增收致富和村集体经济壮大。

丽水市现有农家乐民宿经营户（点）3507家，从业人员2.66万人。2021年丽水市农家乐民宿接待游客2660万人次，实现营业总收入24.61亿元。

（二）促进产业融合升级

推动“产区变景区、产品变商品、民房变客房”，促进一二三产融合发展。如青田县依托首批5个全球重要农业文化遗产之一的“稻鱼共生”生态循环系统，投资3300万元打造稻鱼共生博物馆、观光园等休闲农业观光景带，带动周边精品民宿10家，年营业收入超400万元，辐射带动休闲观光、餐饮购物、文化体验等旅游收入2000万元。

（三）加快乡村复活振兴

农家乐民宿的广阔前景吸引一些外出务工的农民回乡谋发展，重新积聚起农村人气、带动农村繁荣。如在云和县海拔1000米的梯田上，一对外地夫妻将旧农房修建成“云上5天”民宿，7个风格迥异的客房使其一夜之间成为“网红”，成为当地活化闲置农房的新模式。

实践证明，民宿经济已经成为丽水市五大经济新增长点产业，是农家乐、乡村旅游的升级版。发展“丽水山居”农家乐民宿经济，目前已形成“政府引导、主体带动、社会参与、市场运作”良好发展格局，成为丽水全面推进乡村振兴打造以人的现代化为核心的农业农村现代化山区样板的生力军，“丽水山居”田园民宿、“丽水山景”乡村旅游吸引着越来越多的人前来体验农耕、寻找乡愁、休闲度假。